L'AFFAIRE DU ZODIAC

FAYÇAL ZIRAOUI

L'AFFAIRE DU ZODIAC

Robert Laffont

ISBN : 978-2-221-26024-1
Dépôt légal : avril 2022
Éditions Robert Laffont – 92, avenue de France 75013 Paris

À ma famille

I

Lake Herman

20 décembre 1968

Quand les adolescentes de son âge rêvent d'amour, Betty Lou, seize ans, succombe à son agresseur. Son premier *date* a mal tourné. Dans la nuit de décembre, une lente agonie a saisi son corps frêle. Alors qu'elle gît sur le sol de la *lovers' lane* de campagne, ses yeux bleus impuissants voient couler son propre sang, absorbé par une terre glaciale.

Elle ne sent plus le froid de l'hiver. Pour son premier rendez-vous amoureux, elle s'était parée d'une robe violette aux genoux, dont le col de pétales blancs encadrait sa mine juvénile.

Les pommettes roses de Betty, qui lui donnent cet air espiègle, s'estompent à mesure que l'abandonne toute force. L'obscurité efface ses traits lumineux, son visage rond devient livide.

Le chemin qui conduit à la station de pompage de Lake Herman, dépourvu d'éclairage, est plongé dans le noir. C'est ce qui en faisait tout l'intérêt lorsqu'ils ont quitté, avec David, la fête de Noël du lycée à bord d'un break beige.

Les amoureux aiment se réfugier dans cette impasse qui croise la route principale menant au lac. La nuit tombée, les adolescents s'y donnent rendez-vous et trouvent l'intimité que les conventions des *sixties* ne leur permettent pas. Des *lovers' lane* comme celle du Lake Herman, il en existe des milliers dans l'État dc Californie.

Le cœur de Betty Lou, qui s'était emballé quelques minutes plus tôt dans un élan romantique, faiblit à présent. Il ne bat plus que pour sa propre survie. Elle ne ressent plus les papillons dans son ventre, brutalement interrompus dans leur envol.

Elle a fui de toutes ses forces dans ses *babies* vernies. Peut-être a-t-elle même nourri un moment l'espoir de s'en sortir. Mais elle n'a pas fait dix mètres avant l'impact. Une balle l'a touchée en plein cœur.

Le col de sa robe rougit. Une flaque s'est formée. Betty Lou, qui a toujours cru que l'ascension de l'âme était la première étape de la vie après la mort, un voyage lumineux, cérémonial, au chant des anges, se sent affreusement abandonnée, dévorée tel un agneau pascal par ce monde cruel.

Elle avait fait la connaissance de David quelques jours plus tôt, et s'était prise au jeu de Cupidon. Aujourd'hui ils se quittent sans adieux. Ils ont fait une mauvaise rencontre. Le jeune homme s'est effondré sous ses yeux, une balle dans la tête. Livrée à elle-même face à l'inconnu qui a surgi dans la nuit, elle s'est lancée dans une fuite désespérée.

Quelques secondes plus tard, elle agonise. Terrifiée par la mort, elle n'a plus la force de sangloter alors que la quitte son dernier souffle. Ses yeux s'embrument sous un voile de larmes. Des larmes d'enfant.

Le Point

12 février 2021

0,1 % : c'est la mince frontière entre la certitude et le doute. Le doute, cette vaste étendue de possibilités où toutes les hypothèses se valent, où les théories les plus improbables s'épanouissent et se toisent. Le doute, cet infini terrain de jeu pour des milliers d'enquêteurs amateurs ou professionnels – et que mes découvertes viennent peut-être de réduire à une infime probabilité.

Il est 15 h 30, et cela fait plus d'une heure que je raconte mon histoire et déroule ma démonstration avec ferveur. Ce n'est pas que les chocolats qu'on m'a aimablement servis ne me tentent pas, mais leur doucereux réconfort pèse peu face à l'intensité de mes émotions. Je suis à fond. Pour mes interlocuteurs, la cause est entendue : mes travaux ont été revus par des chercheurs cryptographes qui les ont trouvés crédibles.

— Eh bien, merci, je vous dis quand l'article est publié.

— Attendez, c'est tout ? On fait quoi, on…

— On publie !

Elsa, mon avocate, a organisé cette rencontre avec Nicolas, le rédacteur en chef Société du magazine *Le Point*. Les affaires judiciaires, c'est son rayon.

Tel un vieux loup de mer, il porte un bonnet qu'il ne quitte pas dans les bureaux surchauffés. D'emblée, il attaque : qui es-tu, d'où viens-tu ? – il veut tout savoir. Ce qu'Elsa ne m'avait pas précisé, c'est qu'il s'agissait d'une « simple » interview.

— On ne fait pas une enquête ? Vous avez bien des contacts aux États-Unis ? Peut-être au FBI… ?

Quelques jours plus tôt, j'ai sollicité Elsa pour lui parler de cette affaire mêlant en vrac meurtres en série, cryptogrammes mystiques et un tueur en liberté. C'est peut-être l'expérience, car elle en a vu d'autres, mais elle ne m'a pas pris pour un fou quand je lui ai raconté mon histoire délirante, ni ce que j'en attendais. Voilà quatre ans qu'elle me conseille sur divers dossiers, professionnels et privés ; nous avons développé une confiance réciproque, et, pourtant, nous ne nous étions encore jamais vus. Pour une première fois, c'est intense.

Dans cette petite salle de réunion sommairement aménagée, les regards se font interrogatifs quand je mentionne le FBI. Soudain je m'aperçois que je doute. Bien sûr, mon cerveau gauche – ce cartésien scrupuleux – aurait préféré réduire les 0,1 % à zéro, avant d'en faire toute une histoire. Mais il n'y a pas que cela. Je suis un citoyen ordinaire – j'ai ma routine, une vie confortable, je suis même fraîchement propriétaire d'un pavillon de banlieue et… Et bon sang, je suis en train de tout déballer à la presse !

Quand je repense à ces derniers jours, j'ai moi-même du mal à y croire. Puis je repasse un à un, en boucle, chaque élément de mon enquête… Et le verdict est chaque fois le même : je suis sûr de moi à 99,9 %.

C'est beaucoup, 0,1 %, quand on met en jeu sa crédibilité, sa réputation… Même le carré d'as perd, face à une quinte flush, au poker. Et là, je suis en train de faire tapis.

Mon regard fuit un peu, à la recherche d'un point sur lequel se fixer. Mais le silence des murs nus et les étagères vides me renvoient à cette évidence : je dois assumer seul.

Plus pressant que le tic-tac d'une horloge, le silence s'étire. Cette prise de conscience qui me noue l'estomac, et une brûlure dans la nuque.

— On s'appelle la semaine prochaine ?

J'ai gagné quelques jours. Excité mais troublé par cet entretien, je suis raccompagné par Elsa. Nous franchissons une porte, traversons un couloir, passons un dernier seuil. Je ne suis pas si à l'aise dans mes baskets alors qu'elles foulent l'épaisse moquette, des Air Jordan si réconfortantes en temps normal.

Il y a un mois, j'ai décrypté les derniers codes d'un tueur en série américain. L'un d'eux renferme son identité, et je viens de révéler cette information à l'un des principaux médias français. Cette découverte aussi soudaine qu'inattendue avait eu lieu en décembre dernier, quand, en l'espace de deux semaines, je mettais au jour des messages secrets du meurtrier, restés muets pendant… cinquante ans.

Hogan High

10 février 1969

— Regarde-le faire le malin, je suis sûre que c'est lui, murmure-t-elle avant d'ajouter : « Salut beau gosse ! »

— Hey, Mel. Tu parles de qui, là ? Scott ?

— Ça me dégoûte… qui d'autre ?! Allons Dwight, fais marcher tes neurones ! Ce mec avait demandé à Betty de l'accompagner à la soirée de Noël. Et elle avait préféré David. Tu vois le lien ?

— La jalousie comme mobile ?

— Élémentaire, mon cher Watson ! Il avait tapé un de ces scandales à l'époque ! C'est Sally qui m'a raconté… À ce qu'il paraît, les flics lui ont fait passer un interrogatoire, et tout…

— On parle bien du Scott qui a tourné de l'œil le jour du don du sang ?

— T'inquiète, il avait un alibi. Genre il était chez lui ou un truc comme ça, conclut Mel sur un ton blasé.

— Pfff… ouais, ok.

— C'est quoi ce badge sur ta veste… « NO DRAFT, NO WAR » ? Je suis fière de toi, Dwight ! Mesdames et messieurs, un scoop ! hurle-t-elle en faisant tinter son verre du revers de la cuillère, Dwight Cochrane est un rebelle !

En dernière année au lycée Hogan High, Dwight sera bientôt éligible à la conscription. Comme ses camarades, s'il y a bien un truc qui le fait flipper, plus que de savoir le tueur de Betty Lou Jensen et David Faraday en liberté, c'est de se retrouver dans la jungle vietnamienne à couper des lianes avec une machette.

— Arrête tes conneries, Mel. Si je ne vais pas à l'université, c'est pour aider mes parents au magasin, pas pour aller me faire sauter la cervelle sur un champ de mines.

— Les jambes.

— Quoi, les jambes ?

— Les mines, ça t'arrache les jambes, pas la cervelle, Dwight.

— Je crois que je vais vomir.

— Qui a de belles jambes ? demande Greta qui a rejoint ses amis à leur table, sans se préoccuper de savoir si sa tentative de rentrer dans la conversation est à côté de la plaque.

Elle n'attend pas de réponse. Elle enchaîne sur le fait que la tendance est de toute façon aux robes longues, que les minijupes trapèze à la Mary Quant finiront par passer de mode, qu'elle aimerait elle aussi se faire des tresses mais que ses cheveux sont trop courts, et que porter des fleurs dans les cheveux c'est joli, mais que l'été est encore loin, et que s'ils veulent vraiment faire leur *road trip,* il faut cotiser dès maintenant pour s'acheter un van, sans oublier de…

— Je n'ai pas un *cent*, l'interrompt Mel. Je ne sais pas si on va pouvoir se le payer, ce *road trip*.

— Ce n'est pas ta veste chinée aux puces qui t'a ruinée, rassure-moi ?

— J'ai tout donné à la cagnotte pour retrouver le tueur de Betty.

— Moi aussi, ajoute Dwight.

Le malaise installe un silence. Les étudiants de Hogan et ceux de Vallejo High School – le lycée de David – ont ouvert un fond pour récompenser celui qui aiderait à retrouver le tueur de leurs camarades. L'élan de solidarité leur a permis de récolter mille dollars. Mais, bien que sa tête soit mise à prix, le tueur n'a toujours pas été arrêté. À Hogan High, les lycéens cherchent encore des explications au double meurtre qui a endeuillé la petite communauté de Vallejo.

Dans les jours qui suivirent la tragédie, la stupéfaction gagna la population et les autorités. La ville de Vallejo, à trente-cinq kilomètres à vol d'oiseau de San Francisco, ne comptait que quelques milliers d'habitants, et la criminalité se résumait à des larcins mineurs : vols de voiture, nuisances sonores, bagarres…

La piste du vol ayant mal tourné fut vite écartée : le sac à main de Betty Lou, retrouvé sur la scène de crime, contenait encore les cinq dollars qu'elle y avait glissés avant de quitter ses parents. On étudia la piste d'un amant éconduit dont la jalousie lui aurait fait commettre l'irréparable, mais les principaux suspects furent blanchis par des alibis solides.

On enterra les adolescents dans l'intimité de la famille pour Betty Lou Jensen, avec une haie d'honneur de ses camarades scouts pour David Faraday.

L'incompréhension s'installa au fil des mois, à mesure que l'impuissance du bureau du shérif du comté de Solano ne faisait plus aucun doute. L'enquête, qui piétina dès le départ, fut rapidement à l'arrêt.

Blue Rock Springs

4 juillet 1969

« Je voudrais signaler un double meurtre. Si vous allez à 1,5 km à l'est de Columbus Parkway jusqu'au parc public, vous trouverez les gamins dans une voiture marron. Ils ont été tués avec un Luger neuf millimètres. J'ai aussi tué ces gosses l'année dernière. Good byeee. »

La confession téléphonique fit trembler Nancy, la téléopératrice du Vallejo Police Department. Le long et glacial « *good bye* » avait quelque chose d'inhabituel, de moqueur et malsain. De reptilien. L'appel venait d'être passé depuis une cabine téléphonique, plus de six mois après l'assassinat de Betty Lou et David, et il revendiquait un double meurtre. À quelques centaines de mètres du Lake Herman.

Sur le parking isolé de Blue Rock Springs, les amoureux trouvent un cadre romantique à leurs escapades nocturnes. Dans ce lieu de récréation, les bassins alimentés par l'eau de source attirent les touristes depuis plus d'un siècle. Aujourd'hui la baignade est interdite : l'eau, polluée par l'industrie minière, est chargée en mercure toxique.

La journée, le parc, qui s'étend sur douze hectares, est animé de jeux de balles, de rires d'enfants, de groupes d'amis venus partager une *Lucky Lager* autour d'un barbecue. Les nappes à carreaux recouvrent la pelouse verdoyante, pour un pique-nique à l'ombre d'un eucalyptus, ou sous le soleil du *Golden State*. Quand tombe la nuit, le parc devient un coin de nature éloigné des habitations et dont le charme discret invite les amants coupables à roucouler.

Au moment où le tueur à sang froid confesse à Nancy un double meurtre à Blue Rock Springs, des voitures sont déjà en route vers les lieux. Une demi-heure plus tôt, une femme a signalé au standard téléphonique des tirs aux abords de Columbus Parkway, la route qui traverse le parc.

L'agent Hoffman est le premier à arriver sur les lieux. En s'approchant du corps de la victime, il lâche un juron : ce gosse n'a pas vingt ans. Le corps est à terre, baignant dans son sang. Mais soudain le bras se lève, tendu vers l'officier. *Il respire encore !* Le garçon réclame de l'aide dans un râle gorgé de sang. Une balle a traversé son cou pour ressortir par la mâchoire, lui déchiquetant la langue au passage. Blessé aussi à la jambe, il a rampé hors de la voiture.

Alors que le gyrophare balaie la scène de crime de son faisceau rouge et bleu, le policier remarque une silhouette à l'avant de la Chevrolet dont la portière est restée ouverte. Une jeune femme, la vingtaine, est effondrée sur son volant. La respiration lente et le pouls au ralenti, elle tente de communiquer. En vain : les sons qu'elle parvient à émettre dans son agonie sont incompréhensibles.

À la suite de l'appel téléphonique, plusieurs unités sont mobilisées. Le sergent Conway, qui est arrivé presque au même moment sur la scène de crime, trouve son collègue qui porte les premiers secours aux victimes.

— Central, nous avons une fusillade à Blue Rock Springs ! Deux blessés par balle, envoyez une ambulance ! lance-t-il à la radio, puis il se précipite vers le garçon. Savez-vous qui a fait ça ?!

Le blessé geint de douleur et parvient difficilement à articuler, mais le sergent comprend que non, il ne connaît pas l'agresseur.

— Pouvez-vous le décrire ?

— Je… je ne sais pas… j'ai mal !

— Il vous a dit quelque chose ? poursuit le sergent Conway.

— Non… il a juste tiré, et continué à tirer…

Michael finit par gémir tant bien que mal une description au policier.

— À toutes les unités ! Le suspect est un homme blanc, la trentaine, plutôt costaud. Il roule dans une voiture marron clair, peut-être de type Corvair ou Mustang. Suspect armé et dangereux !

Quand les inspecteurs Rust et Lynch arrivent sur place pour prendre la suite de l'enquête, l'ambulance qui transporte les victimes fonce toutes sirènes hurlantes vers l'unité de soins intensifs du Kaiser Foundation Hospital.

À Vallejo, une communauté paisible de Californie où il fait bon vivre, un tueur d'adolescents est en liberté.

Fédala

Été 2000

La lumière chaude du soleil marocain teinte les façades blanches des maisons de Mohammedia. Bientôt, je quitterai cette ville qui fut le cadre de tous mes souvenirs d'enfance. Perché au dernier étage, sur le balcon de notre appartement familial, je contemple la ligne d'horizon de l'ancienne Fédala et sa mosquée dont le minaret domine les habitations.

Bordée par l'océan Atlantique, la cité balnéaire n'est qu'à quelques kilomètres de la tumultueuse Casablanca, capitale économique du royaume. Un havre de paix, à peine troublée une fois par an lorsqu'une compétition de courses automobile élit domicile dans ses ruelles bordées de palmiers.

Les deux mains appuyées sur la rambarde, j'essaie de mémoriser cet instant. J'ai dix-sept ans et dans quelques jours je quitterai ma famille, mes amis, mon pays, pour ne plus revenir qu'en invité, en émigré. Je me demande si j'ai profité de chacun des instants de bonheur qui m'étaient offerts, si j'aurais dû vivre les choses autrement. Une sensation nouvelle et étrange, avec laquelle j'apprendrai à me familiariser : la nostalgie.

— On va à la plage, tu restes là ? me demande ma jumelle.

— Tu es jaune, frangin, renchérit ma grande sœur, il te faut du soleil, pas un écran de PC !

Claquettes aux pieds, sac de plage à l'épaule et lunettes de soleil sur le nez, mes sœurs se moquent gentiment de moi. Les Sablettes, Mannesmann, Pont Blondin… Les noms de ces plages évoquent le parfum d'une pâtisserie, et ravivent le souvenir des beignets au sucre que nous mangions sur le sable.

— C'est-à-dire que… j'ai prévu autre chose.

Un plaisir solitaire en somme, cinq cents pages pour apprendre les bases de l'électronique. Parce que j'ai un nouveau projet…

— Ok, à plus, savant fou !

Aujourd'hui, je ne me souviens plus du projet en question. Ils ont été nombreux, et peu ont vraiment dépassé le stade de prototype. Car c'est dans le chemin que je trouvais mon bonheur. J'accumulais diverses pièces électroniques et mécaniques, de récupération, que je stockais dans un vieux cartable. Quand ma mère trouvait un objet qui pouvait m'intéresser, elle le glissait dans cette sacoche en cuir en se disant que cela pouvait m'inspirer un jour une nouvelle lubie.

Dans ma famille, les dîners étaient bien animés. Nous étions cinq frères et sœurs, aux sensibilités différentes, à l'image de mes parents : une mère férue de mathématiques et un père qui avait étudié la sociologie à Varsovie, puis à Paris. Mais cette époque touchait alors à sa fin. Avec ma sœur jumelle, nous étions les « petits derniers », et nous partirions quelques jours plus tard poursuivre nos études en France pour ne plus revenir qu'en été.

Enveloppés d'un halo lumineux, mes souvenirs sont ceux d'une enfance insouciante. Quand nous allions jouer au foot sur les terrains vagues, ou que l'on se faisait courser par le gardien du jardin public lorsqu'on s'allongeait trop longtemps dans l'herbe. En ai-je accumulé suffisamment avant de partir ?

Je me rappelle que Fédala me murmura humblement que tourner une page de souvenirs n'efface pas son histoire. Elle en savait quelque chose. Ses souvenirs à elle étaient dans les murs de sa casbah, de ses villas et dans leurs jardins de mimosas. C'étaient aussi les vestiges de son littoral : un casino abandonné, et le prestigieux hôtel Miramar, fermé d'aussi loin que je me souvienne. Là-bas, le général Patton avait installé ses quartiers généraux en 1942, pendant l'opération Torch du débarquement américano-britannique en Afrique du Nord.

La discrète cité au climat californien ne révèle qu'aux curieux que ses plages ont été le théâtre d'une des plus ambitieuses manœuvres militaires du second conflit mondial. C'est sur ses plages qu'un jour de novembre 1942 le 30e régiment d'infanterie originaire de San Francisco a débarqué, pour changer le cours de l'Histoire.

Fête nationale

6 juillet 1969

— L'inspecteur Rust va venir vous voir, Michael. Vous vous sentez de répondre à quelques questions ?

— Ça devrait aller, je crois, peine-t-il à articuler.

Le médecin se tourne vers les policiers :

— Il est à vous. Allez-y doucement, messieurs, il a besoin de repos. On lui a donné un sédatif, vous avez quelques minutes.

— Merci docteur Scott, répond l'inspecteur avant de se tourner vers le patient. Michael, pouvez-vous nous raconter ce qui s'est passé vendredi soir ?

C'était un 4 juillet, en 1969. En ce soir de fête nationale, les festivités résonnaient dans les ruelles de Vallejo, qui vibrait au son des pétards et des feux d'artifice.

— Je suis affamé ! Ça fait des plombes que je t'attends !

Michael aurait bien avalé un cheeseburger de chez Mr. Ed's. Il avait attendu Darlene toute la soirée, avant qu'elle ne vienne finalement le chercher, vers 23 h 30. Leur rendez-vous était initialement prévu vers 19 heures, mais elle l'avait appelé à plusieurs reprises pour décaler.

— Désolée, Mike, j'ai emmené Christine à Miss Firecrackers et ça s'est éternisé. Mais je suis là maintenant, posa Darlene d'une voix plus douce en tapotant le genou du jeune homme.

— Oui, acquiesça-t-il mollement. Elle a remporté un prix ?

— Ce n'est pas parce que c'est ma sœur qu'elle doit gagner tous les concours de beauté ! fit-elle en rigolant, avant de poursuivre sur un ton plus sérieux. Je dois te parler d'un truc, Mike…

En approchant du drive-in du restaurant, Darlene fit demi-tour sur Springs Road. Tant pis pour le dîner, ce qu'elle avait à lui dire méritait mieux qu'un fast-food. Elle connaissait un endroit où ils pourraient être plus tranquilles : une *lovers' lane* du côté du parc de Blue Rock Springs. Sa manœuvre fit crisser les pneus dans un virage qui plaqua Michael contre la portière. Le jeune homme n'était pas une force de la nature. Il avait pris l'habitude de dissimuler sa maigreur sous d'épaisses couches de vêtements pour paraître plus étoffé. Quitte à enfiler deux pantalons.

La Chevrolet fila vers Columbus Parkway. Darlene monta le son quand *Let the Sunshine* passa à la radio. Au top des charts Billboard Hot 100 pendant six semaines, le medley de la comédie musicale *Hair* était un carton mondial. La jeune femme connaissait les paroles par cœur.

When the moon is in the Seventh House
And Jupiter aligns with Mars
Then peace will guide the planets
And love will steer the stars
This is the dawning of the age of Aquarius

Michael, lui, avait vraiment du mal à se détendre. Des phares dans le rétroviseur ne les avaient pas quittés depuis quelque temps. Et le virage à cent quatre-vingts degrés de Darlene n'avait pas semblé dissuader leur poursuivant.

À la sortie est de la ville, le parking de Blue Rock Springs offrait un calme plus propice aux confidences. Loin du tumulte du centre, de ses cafés et de ses restaurants en effervescence, ils étaient enfin seuls. D'un coup d'œil dans le rétroviseur, Michael vit que les phares avaient disparu, et il lâcha un bref soupir de soulagement.

Darlene coupa le moteur pour ne laisser que la station KFRC qui résonnait doucement dans la nuit. La radio diffusait à ce moment-là *Time for us*. Le timing était parfait.

— Oh non…

— Tu as raison, je vais changer de fréquence.

— Ce n'est pas ça. Il est encore là…, s'inquiéta Michael lorsqu'une voiture marron se gara à quelques mètres de leur véhicule.

— Arrête de t'en faire… Tu ne voudrais pas plutôt me masser les épaules ? Tu fais des histoires de pas grand-chose, et je n'ai vraiment pas besoin de ça en ce moment !

Peu rassuré, Michael obéit sans quitter du regard le véhicule stationné à côté, alors que tout le reste du parking était désert. Étonnant, un seul passager, à cette heure-ci, à cet endroit, observa-t-il. *Un homme.* Mais bientôt la voiture repartit aussi vite qu'elle était arrivée. Cette fois-ci ils étaient vraiment seuls, enfin. Michael regarda Darlene. Lui aussi avait des choses à lui dire.

— Quand est-ce que tu comptes le quitter ?

— Arthur ?

— Tu es mariée avec quelqu'un d'autre ?

— Ne sois pas bête… Pourquoi tu ne veux pas profiter de ce moment, il n'y a que toi, et moi et…

— Les flics !

Une voiture s'était garée derrière eux cette fois-ci, les éblouissant de ses phares puissants. Elle demeura stationnée là, immobile quelques instants qui leur semblèrent durer de longues minutes. Dans le silence de la nuit, sur le parking de Blue Rock Springs, le ronflement sourd du véhicule indiquait que le moteur tournait encore, faisant légèrement trembler la vitre de Michael. Une portière claqua derrière eux, puis une silhouette se découpa dans la lumière des phares. L'éclat de sa lampe torche s'insinua jusqu'à la banquette. Darlene recouvrit ses épaules, qu'elle avait dénudées un peu plus tôt.

— Bon sang, il arrive, tu as tes papiers ? lança Michael, qui cherchait les siens dans les multiples épaisseurs de vêtements qu'il avait enfilées.

L'homme, qui était descendu de sa voiture, fit le tour de la Chevrolet, braquant son faisceau sur le visage des amants, les forçant à baisser les yeux. Puis il se rapprocha d'un pas lourd, avant de s'arrêter devant la portière de Michael. Aveuglé et embarrassé, le jeune homme, qui n'avait pas retrouvé son portefeuille, bégaya :

— Désolé, monsieur l'agent, je…

Bang ! Bang !

Michael eut la sensation d'être frappé violemment. Alors qu'une douleur aiguë se diffusait sur son visage, l'odeur de la poudre lui brûla les poumons. L'inconnu avait tiré sur le garçon. Dans la confusion, Michael se défendit comme il pouvait, avec force coups de pied pour repousser son assaillant, mais cela le fit tomber à la renverse et atterrir sur la banquette arrière qu'il éclaboussa d'hémoglobine. Il était toujours dans la ligne de mire du tireur, et les balles sifflaient autour de lui. L'une d'elles se logea dans son genou, arrachant sa jambe, lui sembla-t-il, tant la douleur était intense.

Comme Michael, Darlene s'était retrouvée piégée dans cette cage. Elle n'eut pas le temps d'ouvrir sa portière pour prendre la fuite. Aveuglée par les flashs des tirs et désorientée par le chaos et les cris, elle avait aussi reçu une balle qui avait traversé Michael. Leur agresseur l'avait exécutée, accrochée à son volant, sans lutte ni supplications.

Le déchaînement de violence de cet inconnu ne dura que quelques secondes. Puis sa lampe torche se détourna et ses pas s'éloignèrent.

— Dea ! Dea ! hurla Michael, qui faillit s'étouffer, la gorge noyée de sang.

Touché à la mâchoire, le garçon n'arrivait plus à articuler. Ses plaintes n'étaient plus que des gémissements de douleur. Darlene, qui avait crié de tous ses poumons, ne répondait plus. Quelques soubresauts indiquaient qu'elle était encore en vie. Ils s'en sortiraient, pensa Michael. Mais cette idée sembla faire revenir l'assaillant, qui planta deux dernières balles dans chacune de ses victimes avant de tourner les talons pour de bon.

Gravement blessé, le jeune homme parvint à ramper hors du véhicule. La nuit avait retrouvé sa douceur estivale. Il parcourut quelques mètres, laissant derrière lui une traînée de sang, puis il s'effondra. Bercé par le ronronnement du véhicule qui les quittait sans se presser, il resta allongé là une éternité, les yeux vers le ciel qui s'illuminait des feux d'artifice. La nuit était pourtant si belle.

— Puis votre collègue est arrivé. Inspecteur, comment va Darlene ?

Nirvana Now

29 juillet 1969

« *Ce programme est pour la ville et les habitants de San Francisco, qui ne le savent peut-être pas mais ils sont beaux et...* »

— J'adore cette chanson, monte le son, Dwight !

— Pitié, j'en peux plus de cette musique !

— Oh, ça va ! On est en pèlerinage ! Qu'est-ce que tu peux être coincé des fois, sérieusement !

— En attendant, c'est moi qui conduis et…

« *I love you baaaby* », chante Mel pour couvrir sa voix, suivie en chœur par le reste de la bande qui frétille sur un rythme rock'n'roll. À l'arrière du van, Busty – on l'appelait comme ça depuis qu'il s'était fait choper un joint au bec par les flics à la sortie du lycée – simule un riff sur une guitare qui n'existe que dans ses hallucinations diurnes. À côté de lui, Greta, qui fait d'abord mine de grimacer avec un regard moqueur dans sa direction, se joint à son concert et mime des battements frénétiques sur une batterie pas beaucoup plus réelle que la gratte de son ami.

« *If you're going to San Francisco, you should wear some flowers in your hair...* » C'est au tour de Scott McKenzie de faire trembler les vitres du combi Volkswagen.

— Merde, j'ai oublié mon paquet chez Germaine ! lâche soudain Mel.

— T'as pas fait ça ?! lui lance Busty, qui s'interrompt dans sa transe.

— C'était sympa cette soirée, quand même…

— Mel, tu planes !

— Ça va, Busty ! Je connais un type à Albuquerque. Je l'appellerai en arrivant.

— Que la paix soit sur toi, tu as un bon karma.

La voix grave s'est élevée du fond du camion. C'est Brad, qui se la joue Gandhi depuis qu'il a lu *Ainsi parlait Zarathoustra*. Cela fait des heures qu'ils ne l'ont plus entendu, il s'était endormi sur la banquette arrière peu de temps après avoir quitté San Francisco.

— Ouvre la boîte à gants, ordonne Dwight – d'habitude pas autoritaire pour un sou – d'une voix chargée de mystère.

Mel s'exécute et, à peine a-t-elle appuyé sur le bouton que se déverse à ses pieds une demi-douzaine de sachets d'herbe.

— Dwight ! T'assures ! T'es une énigme…

— Merci. Et maintenant : on baisse les vitres !

— Et on fait tourner ! ajoute Busty.

— Dieu nous le rendra, complète Brad, avant de se rendormir.

La Famille du Verseau – ainsi que les amis ont choisi de s'appeler – s'engage sur l'Interstate 40 en direction de l'Arizona à bord de son combi Volkswagen. Le van, qui a bien une dizaine d'années, compte déjà deux cent cinquante mille kilomètres au compteur. L'aller-retour Vallejo-New York y ajouterait quelque dix mille supplémentaires. Ambitieux, pour un vieux tas de ferraille qu'ils avaient réussi à se procurer en cotisant chacun à hauteur de ses moyens. Mel avait servi des *fish and chips* après les cours, Dwight, de son côté, avait aidé ses parents au magasin, Brad avait vendu des billets de cinéma, pendant que Greta faisait du baby-sitting. Quant à Busty, il avait tapé dans le portefeuille de son beau-père.

Cela faisait des mois qu'ils planifiaient leur *road trip* à travers les États-Unis. La destination était une ferme de l'État de New York, où devait se tenir le festival rock de la décennie : Woodstock. S'y produiraient entre autres The Who, Carlos Santana, Janis Joplin et… Jimi Hendrix.

Germaine, la logeuse de Mel, les avait invités à personnaliser leur camion – sans quoi ils feraient tache, avait-elle prédit. Sa couleur blanche lui avait semblé trop austère. Un soir où ils s'étaient embrumé les esprits plus que de raison, ils s'étaient enduit le corps de peinture avant de se plaquer nus contre la paroi métallique du véhicule. La tôle immaculée était devenue leur toile, peinte au gré de leur danse et des ondulations de leurs corps sur une musique chamanique. Ce n'était qu'au réveil, quand le soleil était à son zénith, que les amis avaient découvert avec perplexité le résultat : un arc-en-ciel de couleurs qui dansaient et se mêlaient.

— C'est beaucoup mieux, avait tenté de les rassurer Germaine. Elle avait alors posé ce qui ressemblait à une piña colada sur le rebord de la fenêtre, attrapé un pinceau qui trempait dans un seau de peinture blanche, puis s'était mise à l'étaler sur le camion.

— Qu'est-ce que vous faites ?! avait protesté Mel.

— Je… vous… fais… délivrer… un… message, avait ânonné Germaine entre chaque coup de pinceau.

Elle avait apporté la touche finale à l'œuvre d'art collective. Un graffiti « *Nirvana Now* » qui courait le long du flanc du combi, sur toile de fond psychédélique.

C'était hier, et ce souvenir est déjà si lointain. Comme si la distance parcourue avait dilaté le temps. Les cheveux de Mel flottent dans le vent alors que le soleil se couche derrière le camion qui roule vers l'est. Elle n'a pas seulement baissé la vitre, elle s'est assise sur la portière en travers de la fenêtre. Dwight la regarde. C'est donc cela qu'il risque de perdre, s'il est appelé à partir au Vietnam. La liberté de vivre, avec ses amis, ses parents, Mel. La peur lui noue l'estomac. C'est à cette douleur qu'il reconnaît les moments de bonheur.

Cryptogramme

1er août 1969

Du côté de San Francisco, la circulation sur Montgomery Street est pratiquement impossible. Alors que la police tente de dissiper les manifestants, une foule compacte de badauds s'est agglutinée au pied des échafaudages sur lesquels des jeunes femmes scandent leurs revendications. Au milieu de ce concert de slogans et de klaxons, Josh slalome sur son vélo entre les curieux – surtout des hommes.

— Désolé pour le retard, c'est la folie dehors ! s'excuse-t-il en arrivant dégoulinant de sueur dans le bureau du rédacteur en chef. On crève de chaud ici…

— J'ai dû fermer les fenêtres, on ne s'entendait plus, répond sèchement John Langston.

— Il paraît qu'elles enlèvent leurs soutiens-gorge, et que certaines l'ont même jeté à terre ! Josh accompagne sa remarque d'un ricanement bêta.

— Jours heureux… t'as quoi ?

— Je suis passé au secrétariat. T'as du courrier !

Deux timbres de six *cents* à l'effigie de Franklin Roosevelt, et une adresse sur le dos de l'enveloppe :

S.F. Examiner
San Fran. Calif.
Porter à l'Éditeur. Urgent !

Langston sort deux feuilles de papier de l'enveloppe en grognant.

Cher Éditeur,
Je suis le meurtrier des deux adolescents de Noël dernier au Lake Herman et de la fille du 4 juillet. Pour le prouver, je vais énoncer certains faits que seuls moi et la police connaissons.
Noël

1. *Marque de la munition : Super X.*
2. *10 coups de feu ont été tirés.*
3. *Le garçon était sur le dos, les pieds vers la voiture.*
4. *La fille était sur son côté droit, les pieds vers l'ouest.*

4 juillet

1. *La fille portait un pantalon à motifs.*
2. *Le garçon a également reçu une balle dans le genou.*
3. *La marque des munitions était Western.*

Langston tire un mouchoir de sa poche, puis se laisse tomber sur son fauteuil. Il s'essuie le front dont le ruissellement s'est emballé. Comme d'habitude lorsqu'il doit réfléchir rapidement, il se mord la lèvre, alors qu'une sensation de chaleur lui monte dans le dos. Soit les éléments de l'enquête ont fuité, soit il tient entre ses mains les aveux d'un véritable psychopathe.

— J'ouvre la fenêtre, patron ?

— Appelle la police de Vallejo ! beugle-t-il.

La missive manuscrite continue sur le verso de la feuille blanche, sur un thème autrement plus sensationnel.

Voici un cryptogramme ou plutôt une partie. Les deux autres parties ont été envoyées au Vallejo Times et au S.F. Chronicle.

Je veux que vous imprimiez ce cryptogramme en première page du 1er août 1969. Si vous n'imprimez pas ce cryptogramme, j'irai tuer des gens dans la nuit de vendredi. Cela durera tout le week-end, je me promènerai en tuant les gens qui sont seuls dans la nuit jusqu'au dimanche soir ou jusqu'à ce que j'aie tué une douzaine de personnes.

La lettre est signée d'un cercle barré d'une croix. Pas vraiment *peace and love*. Plutôt une cible.

Ce vendredi 1er août 1969, les rédactions de trois journaux ont reçu le même courrier. Le *Times-Herald* de Vallejo, le *San Francisco Chronicle*, et le *San Francisco Examiner*. Langston, fébrile, observe avec sidération la seconde feuille, sur laquelle sont dessinés des symboles. On dirait un message codé.

Pour l'heure, ce qui importe, c'est de désamorcer la menace d'un carnage. Et d'éviter de se faire doubler par les rédactions concurrentes.

— On fait quoi… ? On publie ? demande Josh.

— Putain, ils viennent d'enterrer la gamine. Darlene… c'était quoi, son nom ?

— Ferrin, Darlene Ferrin. S'il y a un tueur en liberté, il faut qu'on informe le public. C'est pas notre job, ça ?

— Et faire passer la police pour des incompétents ? Ils vont nous tomber dessus ! T'as eu Vallejo ?

— Le chef de police était déjà en ligne avec le *Times*. Ils vont nous rappeler, mais pour l'instant ils nous demandent d'attendre. Ils veulent éviter la panique…

— De toute façon il est sûrement trop tard pour sortir un papier pour cet après-midi, j'ai personne. Il est où, Smith ?

— Il couvre la manif.

— Et Rover ?

— Il couvre Smith.

— Quel bordel !

Cipher Killer

1er août 1969

— Police de Vallejo, j'écoute.

— Aujourd'hui j'ai tué un homme…

Le cœur de la téléopératrice se soulève. Ses pulsations cardiaques s'emballent.

— Où êtes-vous, monsieur ?

— Aujourd'hui j'ai tué un homme que je ne connaissais pas, j'ai tenu mon fusil bien haut et j'ai tiré bas…, chante la voix sur un air de guitare, reprenant les paroles du morceau country *Today I Killed a Man* de PJ Proby.

— Allez vous faire foutre !

Nancy est furieuse, ses mains en tremblent encore. Le téléphone n'a pas arrêté de sonner depuis que trois journaux – dont le journal local de Vallejo – ont reçu une lettre du corbeau. Un psychopathe en liberté menace de tuer aveuglément pendant tout le week-end. Quand ce ne sont pas des habitants inquiets qui prennent d'assaut le standard de la police, ce sont des plaisantins qui squattent la ligne téléphonique.

Vendredi en fin d'après-midi, l'information s'est répandue dans la petite ville, étouffant dans l'œuf l'effervescence habituelle du début de week-end. Pourtant aucun des journaux n'a publié la lettre. Car dans les rédactions, les réunions de crise ont toutes abouti à la même conclusion : il était urgent de ne rien faire. « Pour éviter la panique », ont argué les autorités. C'était sans compter sur le fait qu'au commissariat de Vallejo les agents ont des familles, des amis… et que chacun veut mettre les siens à l'abri.

Moins d'un mois après le meurtre inexpliqué de Darlene et, un peu avant, celui de Betty Lou et David, les blessures n'ont pas fini de cicatriser. Le tueur, qu'on suspectait au début d'être un vagabond, est toujours là, dissimulé derrière l'apparence d'un citoyen ordinaire. Il se délecte du spectacle d'une communauté endeuillée et vulnérable. Sa folie meurtrière n'est pas passagère. Elle hante les ruelles de Vallejo. Désertes, en ce vendredi soir.

— La nuit s'annonce calme, soupire l'officier Westover qui rentre de patrouille.

— Si c'est de l'action que tu veux, prends le standard. Ça n'arrête pas ! rétorque Nancy. Les gens ont peur de sortir, à cause du *Cipher Killer* !

— Qui ? Quoi ?!

— Le Tueur au Cryptogramme ! C'est comme ça que les gens l'appellent !

Westover, dont le thermos n'a pas eu le temps de refroidir, se sert un grand café, balance sa casquette sur le pupitre de l'accueil et se harnache d'un casque téléphonique pour soulager le standard. Et rassurer ses concitoyens. Le petit commissariat de police est au cœur d'une zone pavillonnaire. Le bâtiment, pas plus haut que les habitations environnantes, est submergé par la vague d'appels. Ici, on pense que le *Cipher Killer* est probablement un déséquilibré, ou un esprit tordu qui a été témoin des scènes de crime et qui s'est amusé à les revendiquer.

La nuit finit par tarir le flot d'appels, offrant un léger répit. Nancy jette un coup d'œil inquiet à l'horloge collée au mur. Elle affiche 23 h 35. On est vendredi, comme le 20 décembre et comme le 4 juillet étaient des vendredis. Peut-être qu'à cet instant quelques adolescents imprudents luttent entre la vie et la mort. Le prochain coup de fil pourrait être une confession glaçante ou un appel à l'aide. Et si le *Cipher Killer* existait bel et bien ?

La ligne sonne.

Nancy est figée dans sa torpeur. Derrière ce bouton qui clignote se déroule peut-être un drame. Alors qu'elle a enchaîné les appels depuis des heures sans faiblir, elle se sent flancher maintenant que la pression est un peu redescendue. Sa longue inspiration pour s'armer de courage manque de lui arracher une larme. Son index hésitant finit par presser le bouton qui prend l'appel.

— Police de Vallejo, j'écoute.

— Au secours, aidez-moi ! Mon mari... il a bu...

La téléopératrice se ressaisit face à une scène de violence tristement ordinaire. La vie, avec ses drames et ses défauts, continue. L'officier Westover a déjà sauté dans son véhicule dont le gyrophare enflamme les façades des maisons endormies.

Le carnage promis par le *Cipher Killer* n'a finalement pas eu lieu. Ni la nuit de vendredi à samedi, ni la suivante. Dans son édition du dimanche 3 août, le *San Francisco Examiner* publie enfin le cryptogramme, accompagné du titre : « La menace d'une tuerie de masse à Vallejo déjouée ». L'article en page neuf, écrasé par une grande publicité pour des sous-vêtements, n'est pas exactement à l'image de ce que le corbeau avait demandé. Le chef de la police de Vallejo y exprime des doutes quant au fait que l'auteur de la lettre soit bien le tueur.

Quant au cryptogramme, il a été envoyé à la base de l'U.S. Navy de Skaggs Island pour être étudié par un expert. Quand le journal arrive entre les mains de la population, le mystère de son contenu est toujours entier.

Skaggs Island

3 août 1969

Depuis qu'il a vendu son combi Volkswagen à une tribu hippie, Freddy a entassé son matériel radio à l'arrière du pick-up qu'il utilise sur ses chantiers. Ça valait le coup, il en a tiré un bon prix, vu l'état dans lequel était le van. Il l'a largement amorti depuis son achat quelques années plus tôt, lorsqu'il s'est décidé à sillonner les routes de la Californie et du Nevada pour répandre ses diverses théories à travers les États. Les gens ont après tout le droit de savoir.

Depuis que les États-Unis sont en guerre froide avec le monde communiste, Freddy est bien occupé. Il a assemblé lui-même l'équipement avec lequel il émet sa radio pirate sur une bande de fréquence interdite. Bien informé – il fait « ses propres recherches » –, le lanceur d'alerte s'est donné la mission de dénoncer les dissimulations d'un gouvernement à la solde d'occultes et puissantes organisations. Ainsi voit-il ce qu'il est advenu du nouvel ordre international depuis la fin de la Seconde Guerre mondiale.

De cette dernière, il a gardé un souvenir dans sa chair : un boitillement qui lui donne à son goût une démarche de cow-boy. Mais surtout, la méfiance à l'égard du secret, depuis qu'il a débarqué sur la plage de Pont Blondin avec le 30e régiment. Pendant des jours, Freddy et d'autres *Friscans* de la base militaire du Presidio, au nord de San Francisco, s'étaient retrouvés à bord de l'*USS Murphy*, sans connaître leur destination ni le but de leur expédition. Au nom du secret de l'opération Torch – ce même secret auquel il doit ces angoisses qui le hantent aujourd'hui.

La poussière se lève dans une traînée ocre, alors qu'il fonce en direction de la base secrète de Skaggs Island. Sur cette île au bord de la baie de San Pablo, à dix kilomètres de Vallejo, la Navy a installé un site spécialisé dans l'interception et le décryptage de communications radio. Freddy traverse à vive allure la campagne et ses champs de blé au charme bucolique, avant de tomber sur la barrière du pont de l'entrée nord qui interdit l'accès à toute personne non habilitée.

Il est convaincu que derrière les grillages qui délimitent l'enceinte de la base, les cryptologues et autres techniciens radio trafiquent quelque chose avec les ondes électromagnétiques. À l'ère de la conquête spatiale, ils ont peut-être même établi une communication avec une intelligence extraterrestre.

La base navale est un complexe top secret qui espionne les fréquences des autres superpuissances. Posée sur un îlot, elle n'est accessible que par deux ponts, aux extrémités sud et nord. De cette dernière, on peut apercevoir les baraquements aux allures de cottages inoffensifs. C'est quand la brume se lève que surgissent la forêt de mâts métalliques et la Cage de Dinosaure – le surnom du réseau d'antennes disposées en cercle et donnant l'illusion d'une immense prison grillagée.

C'est en tout cas sur la table de l'un de ces bâtiments que le cryptogramme du *Cipher Killer* a atterri. Le chef de la police de Vallejo a sollicité l'armée et ses experts en cryptographie pour déchiffrer le message secret du tueur des adolescents. Les mêmes experts qui travaillent au quotidien sur le déchiffrement de messages radio dans un contexte de menace nucléaire.

Après avoir garé son pick-up sur le parking extérieur, Freddy se précipite à l'arrière du véhicule dont il arrache la bâche qui recouvre la benne, comme le ferait un illusionniste qui révélerait le clou de son spectacle.

— Wouah ! s'écrie Billy qui accompagne son oncle pour la première fois. Qu'est-ce que c'est ?!

— Du matos fait maison, garçon ! Là tu as le récepteur VHF, ici le démod' d'amplitude, là l'amplificateur... et ici mon dernier joujou, le modulateur de fréquence.

Plus tôt dans la matinée, Freddy avait surpris son neveu qui jouait avec une assiette en carton au milieu de laquelle il avait planté une fourchette. Billy avait ensuite tiré un fil en cuivre qu'il avait branché sur la prise antenne de la télévision. « Pour écouter les astronautes », avait-il confié à son oncle.

Cette fois, Freddy a embarqué son neveu avec lui : un article paru dans la presse ce dimanche faisait mention de la base de Skaggs Island à laquelle le code secret du *Cipher Killer* a été envoyé. Il n'en fallait pas plus à Freddy pour monter une expédition – et, à deux, on rêve mieux. Le voilà donc qui dirige les opérations sur un parking déserté, coincé entre un champ de blé et la rive au-delà de laquelle l'accès est strictement interdit au commun des mortels. Sous peine d'y rester.

— Quand je te fais signe, tu tournes ce bouton à fond, Billy, ok ? crie-t-il alors que le vent se lève, étouffant ses hurlements dans un nuage de poussière.

Freddy tire deux câbles depuis la benne encombrée de matériel jusqu'à l'avant du pick-up. Il ouvre le capot et plante les deux pinces sur la batterie du véhicule.

— Go, Billy ! hurle-t-il quand des étincelles bleutées giclent des bornes métalliques.

Le garçon tourne le bouton au maximum. Les appareils émettent un sifflement alors qu'ils sont lentement ramenés à la vie. Leurs ampoules s'illuminent dans un crépitement orangé, et les aiguilles se dressent promptement à la verticale sur leurs cadrans.

— Monte là-dessus ! lâche Freddy en donnant de petites tapes sur le toit de la cabine du pick-up, avec un enthousiasme d'illuminé.

Billy ne pose aucune question et grimpe avec précipitation sur la carrosserie déjà déformée du camion, puis lève son bras vers le ciel, armé d'une poêle à frire reliée à un câble, faisant ainsi office d'antenne. Freddy presse des boutons, tourne des potentiomètres, fait mine d'être concentré face à un enjeu qui les dépasse. Il scanne les ondes radio, comptant bien intercepter des communications top secret. Mais rien ne vient. Il se renfrogne.

— C'est à cause des interférences électromagnétiques, Billy ! Ou peut-être le vent solaire ! Ah, attends… je crois que… je capte un signal ! Ne bouge plus !

— J'ai mal au bras…

— On y est…

Une voix émerge à travers le grésillement du récepteur.

« ... univers et au-delà... la paix dans les cœurs... lutter avec amour... vous êtes bien sur la station New Age Radio. »

— Putain de radios pirates…

Le Zodiac

4 août 1969

« Ce bon moment que j'ai passé à Vallejo. » C'est en ces termes que le tueur de la petite Betty Lou évoque son meurtre. Piqué au vif de n'avoir pas été pris au sérieux et d'avoir été relégué en milieu de journal, il est revenu à la charge au lendemain d'un week-end sous tension. Dans une deuxième lettre parvenue au *SF Examiner* dès le lundi matin, il offre plus de détails sur les meurtres qu'il a commis.

D'abord, comment le 4 juillet il a tiré sur Michael en pleine tête à travers la fenêtre de la voiture, le faisant basculer à la renverse.

> *Il a fini sur la banquette arrière, puis sur le sol à l'arrière, donnant de violents coups de pied ; c'est là que je lui ai tiré dans le genou.*

Puis, comment à Noël il s'y est pris pour ne pas manquer ses cibles dans l'obscurité : en attachant une lampe torche sur le canon de son pistolet. Il ne lui restait plus qu'à « arroser » ses victimes comme on arrose sa pelouse.

La lettre ne laisse aucun doute sur l'identité du corbeau : c'est bien le tueur des trois adolescents de Vallejo. Puis de conclure :

Je ne suis pas content de voir que je n'ai pas fait la première page.

On présumera plus tard que Jack l'Éventreur a inspiré le *Cipher Killer*. Bien que les historiens s'accordent à penser que les courriers du tueur de Whitechapel n'ont pas été écrits par lui, les similitudes entre les deux affaires sont frappantes. Il y a le « *Dear Editor* » du corbeau, qui rappelle le « *Dear Boss* » de l'Éventreur, mais aussi le procédé épistolaire en lui-même et l'insolence des courriers qui rappellent le tueur de Londres. Dans les deux cas, les fautes d'orthographe et les ratures renvoient l'image d'un homme qui perd le contrôle, couchant sa fureur bestiale sur papier. C'est comme si la Californie offrait un remake version US d'une histoire vieille d'un siècle.

La première lettre signée Jack l'Éventreur avait elle aussi été envoyée à une agence de presse. L'auteur y narguait la police dès la première phrase : « J'entends que la police m'a attrapé mais ils ne sont pas près de m'immobiliser. Je ris quand ils prennent des airs si intelligents et qu'ils disent être sur la bonne voie. » L'encre est rouge comme le sang. Son courrier ne fait état ni de revendication ni de rançon, mais simplement du plaisir de tuer : « Comment peuvent-ils m'attraper maintenant ? J'aime mon travail et je veux recommencer. Vous entendrez bientôt parler de moi et de mes petits jeux amusants. »

Jouer au chat et à la souris avec la police par médias interposés n'est donc pas une invention du *Cipher Killer*. Dans ce nouveau courrier du lundi 4 août envoyé au *San Francisco Chronicle*, il nargue les autorités

– incapables de l'arrêter – et indique que le cryptogramme qu'il a envoyé aux journaux contenait son identité.

Au fait, la police s'amuse-t-elle avec le code ? Si ce n'est pas le cas, dites-leur de garder le moral ; quand ils le déchiffreront, ils m'auront.

Attrape-moi si tu peux, dit-il en substance.

Qui peut-il bien être ?

Je le découvrirai un demi-siècle plus tard. En attendant, celui que la presse a baptisé le *Cipher Killer* a commencé sa lettre d'aveux par une formule qui le fera entrer dans l'Histoire :

Ici le Zodiac qui vous parle.

« Slaves in Paradice »

6 août 1969

— Tu ne veux pas venir te coucher ? demande Donald à son épouse, qui n'a pas levé le nez depuis des heures.

Bettye Harden est absorbée par le cryptogramme qu'elle a découvert dimanche matin dans le journal. Elle a passé la journée entière à essayer de déchiffrer le sens du code secret, avec l'aide de son mari. Donald Harden est enseignant d'économie et d'histoire à North Salinas High. Quant à Bettye, on dit d'elle qu'elle a une sorte d'intuition, que certains appellent sixième sens, et qui complète assez bien le côté cartésien de son époux. Ensemble, ils font la paire. Là où l'un apporte de la rationalité, l'autre insuffle de la créativité. Donald finit par aller se coucher tout seul.

Dans leur maison de Salinas, à deux heures de route de San Francisco, les Harden ne se sentent pas vraiment concernés par les meurtres de Lake Herman Road et de Blue Rock Springs. La petite ville, où siège le comté de Monterrey, est surtout connue pour sa production de laitues qui alimente presque tout le pays.

Passionnés de casse-têtes et de mots croisés, ils sont comme hypnotisés par le code qu'ils ont découvert dans l'édition dominicale du *Chronicle*. Si certains symboles sont puisés dans l'alphabet latin, d'autres ont alimenté les fantasmes des experts en sémiologie : ils proviendraient du *Livre des Morts des Anciens Égyptiens* ou des travaux sur le continent perdu de Mu. La machine à fascination médiatique est en marche.

Les Harden ne sont pas du genre à se réfugier dans les mythes et légendes pour expliquer l'incompréhensible. Ils ne se laissent pas tromper par ce qui ressemble davantage à des variations de formes géométriques banales : des cercles, des carrés, des triangles tantôt pleins, tantôt barrés… Ces derniers jours, ils ont planché depuis leur salon sur le code du *Cipher Killer*. Le même qui a atterri sur les bureaux de la Navy. L'atmosphère chaleureuse créée ici par de longs rideaux et les chaises capitonnées de la salle à manger tranche avec l'enjeu de la recherche. À travers la presse, cet homme qui se fait appeler le Zodiac s'est immiscé dans l'intimité d'un foyer typiquement américain.

Le tueur a précisé que les trois fragments, qu'il a envoyés à trois rédactions différentes, forment un seul message, une fois assemblés. Chacun est composé de symboles disposés à intervalles réguliers sur 8 lignes et 17 colonnes, soit 408 au total. Régulièrement espacés, on en compte plus de cinquante variétés – bien plus que l'alphabet. Ce qui laisse penser que certaines lettres sont représentées par plusieurs symboles.

C'est l'intuition de Bettye qui amène le couple à envisager que le mot « KILL » se trouve dans le code, probablement en plusieurs endroits. Ils s'accrochent à cette conviction pendant quelques jours et quelques nuits sans sommeil. Puis, enfin, ils réussissent là où les experts du FBI et de la Navy ont échoué. Après avoir trouvé les correspondances entre les symboles et les lettres de l'alphabet, le message du corbeau s'affiche sous leurs yeux effarés :

J AIME TUER LES GENS PARCE QUE C EST TELLEMENT AMUSANT
C EST PLUS AMUSANT QUE TUER DU GIBIER DANS LA FORÊT
PARCE QUE L HOMME EST L ANIMAL LE PLUS DANGEREUX DE TOUS
TUER QUELQUE CHOSE ME DONNE L EXPÉRIENCE LA PLUS PALPITANTE
C EST ENCORE MEILLEUR QUE DE S ENVOYER EN L AIR AVEC UNE FILLE
LA MEILLEURE PARTIE DANS TOUT ÇA EST QUE LORSQUE JE MOURRAI
JE RENAÎTRAI AU PARADIS ET TOUS LES [...] QUE J AI TUÉS DEVIENDRONT
MES ESCLAVES JE NE VOUS DONNERAI PAS MON NOM CAR VOUS
ESSAIEREZ DE RALENTIR OU STOPPER MA COLLECTE D ESCLAVES
POUR MA VIE APRÈS LA MORT EBEORIETEMETHHPITI

Pour en venir à bout, Bettye et Donald Harden ont cherché à substituer aux symboles des lettres jusqu'à ce qu'ils déchiffrent enfin la quasi-totalité du message, un mot restant manquant. Quant à la signification des dix-huit derniers caractères, elle reste encore à ce jour un mystère. Certains y voient une signature, d'autres un reliquat sans intérêt.

Après la frayeur, vient l'amertume. Car le décryptage ne permet pas d'identifier le tueur comme il l'a promis. Il ne permet pas non plus la moindre progression dans l'enquête, quoiqu'il semble confirmer que l'on a affaire à un psychopathe, et son projet est littéralement diabolique : collecter des esclaves pour la vie après la mort.

Apocalypse

18 août 1969

« Séquence d'allumage initiée… 4, 3, 2, 1. Décollage. »

Le nuage de fumée qui suit l'explosion est si massif qu'il dissimule encore la fusée alors qu'elle s'arrache à l'attraction terrestre dans la douleur. Il est rapidement dissipé par le souffle de l'engin, propulsé vers la stratosphère à plus de sept kilomètres par seconde grâce à ses moteurs à propergol solide.

« Aucun astronaute n'a pris part au voyage cette fois-ci. Et pour cause, il ne s'agit pas du programme Apollo, mais du lancement d'un missile balistique intercontinental à ogive thermonucléaire : un exercice militaire, car la fusée finit par s'écraser dans le Pacifique », commente le présentateur du journal télévisé.

La cabane de Freddy n'est pas bien grande, mais au moins elle a une télévision. À défaut d'un réfrigérateur.

Vingt-cinq ans se sont écoulés depuis que le bombardier au nom poétique d'*Enola Gay* a largué la bombe la plus meurtrière de l'Histoire sur la ville d'Hiroshima, désintégrant ses bâtiments et ses habitants. Depuis, la course à l'armement de destruction massive s'est amplifiée, et la conquête spatiale a apporté son lot d'innovations à l'armée.

Des missiles comme celui qui vient d'être tiré, il en existe des centaines, aux États-Unis comme en URSS. Dissimulés dans des silos souterrains, ils sont prêts à anéantir des villes entières. La menace de la violence ultime est dissuasive. À la fin de l'été 1969, la puissance de ces armes et leur prolifération dans les deux camps font craindre le pire : la fin des temps.

Le journal télévisé rappelle à Freddy son séjour à New York, dans le Bronx, en 1963, quand il était parti rendre visite à sa grand-tante pour ses soixante-dix-sept ans. Elle l'avait emmené faire une balade au zoo de la ville. Entre deux cages de primates, il était tombé nez à nez avec son propre reflet éberlué, piégé derrière des barreaux. Un miroir avait été placé là pour renvoyer l'Homme à sa condition de grand singe. Une pancarte informait le visiteur :

« Vous avez devant vous l'animal le plus dangereux du monde. Lui seul, parmi tous les animaux qui ont jamais vécu, peut exterminer (et a exterminé) des espèces entières d'animaux. Il a maintenant acquis le pouvoir d'anéantir toute vie sur Terre. »

Alors qu'elle vient de poser le pied sur la Lune, l'humanité a franchi le seuil où elle est capable de rayer toute forme de vie sur Terre. Y compris la sienne.

C'est dans ce contexte que la Maison-Blanche a adopté une stratégie controversée, dite « stratégie du fou ». Le principe est de laisser croire à l'ennemi qu'il a affaire à un déséquilibré dangereux au comportement imprévisible. Depuis le Bureau ovale, l'administration Nixon met ainsi en œuvre la thèse de Machiavel, qui reconnaissait « combien il y a de sagesse à feindre pour un temps la folie ».

Le président américain vient de prendre une décision qui restera secrète jusque dans les années 2000. Dans quelques jours, un escadron d'une vingtaine d'avions bombardiers B52 armés de bombes nucléaires volera en direction de l'URSS, quadrillant le ciel à la frontière du pays communiste. En jouant avec le feu, l'idée est de faire passer aux Soviétiques le message que le bouton atomique est entre les mains d'un fou. C'est ainsi que, dans le plus grand secret, l'opération Giant Lance mènera le monde au bord de l'apocalypse.

Quand vient la publicité pour de nouvelles cigarettes mentholées, Freddy s'allume une Winston machinalement. Le regard songeur, il contemple l'exemplaire du *San Francisco Chronicle* resté ouvert page neuf. C'est dans ces colonnes que le cryptogramme et la menace d'une tuerie de masse promise par le Zodiac ont été révélés au public. Sans suite : il a bluffé. A-t-il cherché à paraître plus fou qu'il ne l'est ? Machiavel ne dit pas si la « stratégie du fou » n'est réservée qu'aux sains d'esprit.

La voix du présentateur l'interrompt dans ses pensées quand le journal reprend sur fond de guitare électrique :

« … un festival de musique rock qui a duré trois jours et attiré une foule de plus de trois cent mille personnes s'est tenu sur les terres d'une ferme de White Lake dans l'État de New York… »

— C'est ça, faites la fête… Éteins-moi cette télé, Billy, tu veux bien ?

Lake Berryessa

27 septembre 1969

Derrière Devil's Gate – littéralement la Porte du Diable – la vallée de Putah Creek était un paradis terrestre, jusqu'au milieu du vingtième siècle. Dans le comté de Napa, en Californie, elle était traversée par une rivière prenant sa source dans les hauteurs des Mayacamas Mountains. Les hivers doux et une terre fertile offraient d'abondantes récoltes, ainsi que la promesse d'une vie prospère, à ses habitants qui s'y installèrent à partir de 1850.

Au cœur de la combe, entourée de champs de blé, la petite ville de Monticello s'était développée rapidement, mais son essor prit fin brutalement lorsqu'on décida d'inonder la vallée pour y créer un lac artificiel. Monticello fut rasée jusqu'aux fondations. Les habitants furent forcés de quitter leurs habitations, et l'on déterra les corps pour déplacer le cimetière.

En 1957, on acheva l'immense barrage qui scella la Porte du Diable, condamnant la petite ville à l'ensevelissement sous un lac baptisé Berryessa, du nom des premiers propriétaires mexicains de la vallée. Hommage ou ironie, on nomma l'ouvrage en béton du nom de la ville sacrifiée : Monticello Dam.

Le paisible clapotis de l'eau ne laisse plus deviner le siècle d'Histoire enfoui dans les profondeurs du lac. Au fond gisent des routes, un pont en pierre et les vestiges des fondations des commerces et des habitations qui ont été rasées. En surface, le Lake Berryessa est un lieu de villégiature où l'on vient, entre amis, en famille ou en couple, se détendre sur l'une des nombreuses plages.

Bryan et Cecelia ont choisi la petite péninsule de Twin Oak Ridge pour étendre leur couverture. Allongés au bord du lac, ils papillonnent sous l'ombre d'un chêne. La végétation grillée par un été caniculaire les invite à profiter des derniers jours d'une météo estivale, alors que l'automne est arrivé. Avec la reprise des cours, la fréquentation du lac a nettement diminué.

— On ne se douterait pas qu'il a une si sombre histoire, ce lac… C'est tellement calme, dit Cecelia, les yeux dans le ciel.

— C'est parce qu'il est artificiel qu'on peut s'isoler sur cette presqu'île.

— Ah ? Je ne vois pas le rapport…

— Eh bien, l'érosion n'a pas encore eu le temps d'adoucir les contours du rivage. Dans un lac naturel, le fil des saisons efface les petits îlots comme celui-ci.

— Nous sommes chanceux alors, murmure-t-elle en se retournant.

Elle croise ses mains sur le torse de Bryan, puis pose sa joue pour entendre battre le cœur de son fiancé. Les reflets cuivrés de sa chevelure étincellent sous le soleil.

— Profitons-en.

À peine a-t-elle achevé sa phrase qu'une présence attire son regard. Elle a senti du mouvement à quelques mètres de là. Juste derrière eux.

— Je crois qu'il y a quelqu'un, Bryan, souffle-t-elle.

— Oui, c'est un lac public.

— Je ne le vois plus. Il est caché par l'arbre…

— … appelé par mère Nature ! Laisse-le pisser.

Soudain, une expression d'effroi déforme le visage de Cecelia.

— Oh mon Dieu, il vient vers nous ! Bryan ! Il est armé ! hurle Cecelia, qui secoue son ami puis recule, terrorisée, avant de s'immobiliser, pétrifiée.

Bryan se retourne dans un sursaut et découvre, dressée face à lui, à deux ou trois mètres, une silhouette sombre et imposante brandissant un pistolet. L'assaillant s'était dissimulé dans la végétation pour approcher. Il surplombe à présent le jeune couple, surpris dans un moment de détente. Vulnérable. Son visage est dissimulé sous une cagoule de bourreau, dont l'étoffe noire recouvre le buste. Une cible est brodée au fil blanc.

— Vos clés, et votre argent !

Il n'y a rien d'humain dans cette voix mécanique. Cecelia prie en son for intérieur que cela ne soit qu'un mauvais rêve. Tétanisée, elle s'en remet à Bryan qui garde son sang-froid, alors que leurs vies ne dépendent plus que de la volonté de leur agresseur.

— Je n'ai que soixante-quinze *cents*, dit le jeune homme qui tapote les poches de son pantalon. Mais je peux faire quelque chose pour vous ? Comment… dites-moi, comment est-ce que je peux vous aider ?

L'étudiant tente d'apaiser la situation pour éviter qu'elle ne dégénère. Leurs vies valent bien plus que des clés et un portefeuille. Il les laissera tranquilles quand il aura ce qu'il demande, pense-t-il.

— Je… je peux vous faire un chèque, ou…

— Continue à faire le malin, et je vous buterai, toi et ta jolie princesse. Comme j'ai buté ce gardien en prison ! Les clés de la bagnole, magne-toi !

Bryan s'exécute et lance un trousseau de clés en direction de leur agresseur. Ils sont presque sortis d'affaire, croit-il.

— C'est une Volkswagen, je l'ai garée vers…

— Maintenant elle t'attache, ordonne l'homme au masque de bourreau qui leur tend une corde à linge.

— Attendez…, proteste Bryan.

— Tout de suite !

Figée de terreur, le regard embué par les larmes, Cecelia n'a aucune envie de s'approcher de leur agresseur, mais elle finit par s'y soumettre. Pour vivre. Elle rampe vers lui avec hésitation, puis ramasse les cordelettes qu'il a laissées tomber à ses pieds.

En sanglots, le corps secoué de spasmes, elle a les doigts qui tremblent, quand elle commence à ligoter son partenaire dans le dos.

— Les pieds, aussi !

Entravé comme un animal promis à l'abattoir, Bryan assiste ensuite, impuissant, au même traitement que l'agresseur fait subir à sa fiancée. Ils sont à présent à sa merci, alors que le soleil s'évanouit derrière l'horizon ondulé du lac. Entre chien et loup, le temps s'arrête.

Les regards des fiancés se croisent une dernière fois, avant que ne s'abatte sur Bryan la folie de l'homme en noir, qui le larde d'une longue lame. Les hurlements de Cecelia éclipsent les gémissements de son ami, qui reçoit une dizaine de coups de couteau assénés avec rage. Puis le temps s'arrête.

La voilà livrée à elle-même. Tout cela est bien réel, elle n'y échappera pas. Elle s'époumone, mais ni ses cris ni ses contorsions ne parviennent à la sauver de la violence bestiale qui se déchaîne sur elle. Le corps de la jeune femme est traversé à de multiples reprises par la lame impitoyable de son assassin hilare. Jusqu'à ce que les cris cessent.

Les feuillages des arbres tremblent du vent frais qui se lève en cette fin d'après-midi, alors que les pas du tueur s'éloignent, laissant ses proies agoniser sur la rive.

Puis de nouveau le silence et l'inlassable, tranquille, clapotis du lac.

Serial Killer

27 septembre 1969

— Napa Police Department, agent Slaight, je vous écoute.

— Je voudrais signaler un meurtre… non, un double meurtre. Ils sont à deux miles au nord des bureaux du parc. Ils étaient dans une Volkswagen Karmann Ghia.

— Où êtes-vous à présent ?

— C'est moi qui l'ai fait.

— Où êtes-vous ? Allô ? Il y a quelqu'un ?

— …

— Vous êtes là ? Allô ?

Aucune réponse. Seulement un brouhaha de gens qui parlent et de voitures qui circulent au loin. L'appel qui revendique l'agression de Cecelia et Bryan a été passé depuis une cabine téléphonique. Encore.

— À l'aide ! Mon Dieu, pitié, à l'aide !

Bryan a repris connaissance. Effondrée à ses côtés, Cecelia pleure et gémit de douleur. Les berges sont désertes autour, alors que la nuit tombe. Ils entendent, au loin sur le lac, le ronronnement des moteurs de quelques barques qui rentrent de leur après-midi de pêche, sans dévier de leur trajectoire.

— À l'aide !

La voix de Bryan résonne dans la vallée quand enfin l'une des embarcations coupe son moteur. Avant de repartir pleins gaz.

Livrés à eux-mêmes, les jeunes étudiants parviennent à se défaire de leurs liens avec l'énergie du désespoir. Et à la force de leurs dents. Bryan se relève, titube. Cecelia n'a pas la force, plus la force. Lentement, Bryan remonte le chemin qui mène à la route. Leur voiture est garée à deux cents mètres de là. À chaque seconde, où il sent qu'il manque de perdre connaissance, il marque une pause, puis il repart. Un pas après l'autre, dans l'obscurité. À mi-chemin de son expédition désespérée, Bryan est soudainement ébloui par les phares d'une voiture. L'occupant descend et s'approche, dissimulé par le puissant faisceau de sa lampe torche.

— Cecelia ! Elle a besoin d'aide !

Le ranger White a été alerté par un pêcheur qui a entendu les cris. Il est le premier à arriver sur les lieux et à porter secours aux blessés en attendant l'arrivée de l'ambulance. Il découvre Cecelia à terre qui se tord de douleur. Elle s'évanouit, plusieurs fois. Chaque réveil la ramène à son insupportable souffrance, comme un cauchemar sans fin. Elle implore le ranger de l'aider, mais il se sent si impuissant… La presse racontera ce moment improbable où, désemparé, il lui conseillera un remède de grand-mère selon lequel, en se grattant la peau dans une zone saine, on peut tromper l'esprit et faire oublier la douleur, pour quelques secondes. Mais cette tentative n'a aucune chance contre les lacérations profondes dont souffre Cecelia.

Finalement, les gyrophares de l'ambulance se joignent au concert des sirènes des voitures de police. Le couple est transporté vers le Queen of the Valley Hospital où tous deux sont opérés en urgence.

En étudiant la scène du crime, les policiers trouvent la voiture de Bryan, qu'il avait garée là plus tôt dans l'insouciance d'un bel après-midi d'automne avec sa fiancée. Un message est inscrit au feutre noir sur la portière blanche de la voiture de sport, lisible sous la lampe torche d'un des policiers :

Vallejo
20-12-68
4-7-69
Sept 27-69- 6:30
Par arme blanche

Ces dates… L'agresseur revendique aussi les meurtres du Lake Herman et de Blue Rock Springs Park.

— Qu'est-ce que c'est ?

— Une liste, bon sang. Une satanée liste…

Effet papillon

12 février 2021

Encore sonné par le rendez-vous avec *Le Point*, je décide de ne pas rentrer tout de suite chez moi. Je marche, sans réel but sauf celui de mettre de l'ordre dans mes pensées. Quelques îlots de neige et de glace parsèment les trottoirs, chose rare à Paris. Cela fait quelque temps que je me suis perdu dans des ruelles, guidé par mon instinct.

Aurais-je dû attendre des nouvelles du FBI avant de parler de cette affaire à la presse ? Mais s'il ne répondait jamais, comme il a coutume de le faire pour les affaires non résolues ?

Mon instinct… c'est peut-être à lui que je devrais m'en remettre pour les prochaines étapes. Après tout, c'est en me soufflant ses intuitions qu'il m'a conduit vers le Zodiac.

— Taxi !

Je manque de m'étouffer dans mon masque chirurgical.

Cela fait un an que le monde affronte une pandémie à la progression fulgurante, qui le plonge dans une léthargie inédite. Un virus parti d'un marché au poisson de Wuhan s'est répandu sur le globe, prenant de court les plus grandes puissances mondiales. Et c'est aussi à cause de lui que je me retrouve dans cette situation.

Je balaie d'un revers de la main les quelques miettes qui jonchent la banquette arrière et me laisse tomber lourdement, las de mes tergiversations. Mon regard se perd à travers la fenêtre, pendant que nous filons à vive allure dans des ruelles désertes à l'approche du couvre-feu de 18 heures, dernière mesure sanitaire en date pour contenir la progression du virus.

Dans ces quartiers qu'aiment fréquenter les touristes, les magasins sont déserts, et les devantures affichent leur désarroi : « Liquidation totale », « – 70 % sur toute la collection »... sans compter les innombrables et optimistes « Local à louer » qui tapissent les vitrines. Ceux-là ont passé l'arme à gauche. Paris a des allures de fin du monde. À ce tableau, ne manquent plus que les zombies.

— Vous êtes mon premier client, monsieur, merci.

— J'essaierai d'être à la hauteur..., murmuré-je, en pensant à la superstition qui veut que le premier client augure du reste de la journée.

— Je tourne pendant des heures, vous savez. Je perds de l'argent mais j'ai besoin de contact avec les gens, c'est toujours mieux que de rester chez moi à me morfondre...

Je perçois dans le rétroviseur ses yeux embués qui traduisent la fragilité de sa condition. Ce monde a sombré dans une telle folie que cet homme erre pour sauver son âme, car il est trop tard pour sauver son entreprise. *Un zombie.*

— Vous travaillez dans l'informatique, non ?

— En quelque sorte.

Pas du tout. Je n'ai jamais trop su expliquer mon travail.

— Je suis consultant.

— En informatique alors ? Je transporte souvent des gens comme vous, je vous reconnais !

Cette certitude qu'il a à mon sujet, en ayant seulement aperçu ma silhouette sur un trottoir et échangé trois mots avec moi, me fait sourire. J'appréhende toujours cette inconnue, lorsque j'entame une discussion : dans quelle catégorie place-t-on les gens ? Je comprends que les mettre dans de jolies petites boîtes, et soigneusement étiquetées, puisse simplifier les relations humaines – du moins pour celui qui fait le rangement. Pour moi, cela les complexifie grandement et, à la fin, on vous a affublé de tant de stéréotypes qu'ils finissent par être en contradiction les uns avec les autres. *Syntax Error.*

Mettre quelqu'un dans une case. N'est-ce pas là, quelque part, une tentative de prédire son comportement ? L'unité d'analyse comportementale du FBI – les *profilers* – est née en 1972, pour faire face à la recrudescence de crimes sexuels et d'homicides en série et tenter de les comprendre. À défaut d'enfermer les nouveaux monstres dans une cage, on pouvait tenter de les mettre dans une case – un profil psychologique. Aujourd'hui, les experts dans le domaine sont les réseaux sociaux. Ils ont développé des modèles prédictifs utilisant nos données, jusqu'à permettre de façonner un soi numérique. Les dignes héritiers du *profiling*.

Je remonte encore, aux origines des origines : s'il existe une méthode populaire qui associe aux gens des stéréotypes, c'est bien l'astrologie. Les signes du zodiaque. L'audace du Bélier, le sérieux du Taureau, la frivolité du Gémeaux… Avec l'art et la manière, depuis plus de quatre mille ans. Puis je songe au Zodiac, cette personnalité indéchiffrable, dont les motivations des meurtres restent aujourd'hui encore indiscernables. *Quelle ironie.*

Nous profitons du trajet pour discuter, tels deux inconnus unis par l'incompréhension d'un monde qui change trop vite. L'incompréhension laissant place au pessimisme, et parfois à la colère. Et même si nous ne serons probablement pas d'accord sur tout, nous nous accordons sur le constat d'un monde interconnecté devenu si petit que des événements mineurs ont des conséquences majeures à l'autre bout de la planète.

La Peugeot franchit un dernier dos-d'âne avant de prendre à gauche, à l'entrée d'un quartier pavillonnaire en banlieue parisienne. Comme toutes les discussions de comptoir, celle-ci mérite un mot de la fin. Et mon chauffeur de conclure :

— De toute façon, à quoi bon lutter ? Nous serons esclaves de ce monde jusqu'à l'Apocalypse…

Je ne l'avais pas vue venir, celle-là.

Paul Stine

11 octobre 1969

Le chauffeur de taxi ne pensait pas qu'il serait exécuté d'une balle dans la nuque en déposant son client. Le trajet a duré une quinzaine de minutes. À présent, la voiture numéro 912 semble laissée à l'abandon, pudiquement éclairée par un lampadaire dont le halo vacille.

Au coin de Cherry et Washington St., la fumée qui s'échappe de l'arrière indique pourtant que le moteur tourne. Le départ semble imminent. Sur le coffre du taxi jaune, une publicité invite à rejoindre un club de voyageurs et à bénéficier de services privilégiés. La portière passager avant, ouverte sur le trottoir, convie le chaland à une virée nocturne dans San Francisco. Mais à y regarder de plus près, une main pâle et fine, dont le poignet est orné d'un bracelet en cuir, semble tomber depuis la banquette. Cette main est figée.

En s'approchant un peu, on découvre, enveloppé dans une manche légèrement retroussée, le bras, lui aussi inanimé. Il pend sur le siège ensanglanté. Allongé en travers de la banquette, le chauffeur de taxi est mort, à n'en pas douter. Comme pétrifié dans un élan pour s'extraire de l'enfer rougeoyant qu'est devenu son gagne-pain quotidien. Du sang. Il y en a partout.

L'encadrement de la portière, éclaboussé par les projections, ruisselle encore. Au sol, sur le goudron de la chaussée, une flaque vermeille dans laquelle trempe un guide des rues de Frisco et ses alentours. Édité en 1945 chez Thomas Bros. Le chauffeur avait dû le payer quelques *cents*, une vieille édition comme celle-là, plus forcément d'actualité. Cet objet personnel qui guidait sa route quotidiennement gisait maintenant là. Il ne servirait plus.

L'inspecteur de permanence David Toschi est tiré de son sommeil pour venir examiner la scène de crime. Il rejoint son coéquipier du prestigieux Homicide Detail – la division homicide du SFPD –, Bill Armstrong, arrivé sur place peu avant lui, et ils prennent ensemble la charge des opérations. On collecte les empreintes, on recueille les dépositions des témoins : des adolescents de treize et quatorze ans ont assisté à la scène de la fenêtre de leur chambre.

Après avoir dépouillé sa victime d'une dizaine de dollars, l'agresseur se serait enfui d'un pas nonchalant vers le nord, en direction du Presidio. Un autre témoin, un passant interrogé par deux policiers, l'aurait vu partir en courant, arme au poing. Les unités cynophiles ont été déployées pour fouiller les parcs, aidées par un camion de pompiers équipé d'un projecteur.

Dans son édition dominicale, le *San Francisco Chronicle* se fait l'écho de ce fait divers, survenu la veille. Un braquage qui a mal tourné. Le chauffeur, en plus de sa vie, y a perdu ses clés et son portefeuille. Triste de banalité dans une ville où la criminalité atteint des records, dopée par le trafic de drogue. Toschi et Armstrong ne chôment pas.

La victime est identifiée comme Paul Stine, un jeune homme de vingt-neuf ans. Il faisait des petits boulots pour financer des études de doctorat au San Francisco State College. Agent d'assurances, chauffeur de taxi… en prenant un passager au croisement de Geary Street et Mason, dans le Theater District de San Francisco, Paul a embarqué pour son dernier voyage. Exécuté froidement alors qu'il se rangeait doucement pour déposer son bourreau.

Immortalisé par quelques clichés longtemps avant le drame, le jeune homme, qu'on devine jovial et sympathique, affiche volontiers un large sourire. Accoudé sur sa machine à écrire, il hausse un sourcil en levant le regard vers l'objectif. Sur le bureau, devant lui, un annuaire téléphonique ouvert en plein milieu, ainsi qu'une liste de noms sur une feuille volante. Et sa mine enjouée, à travers l'objectif, pourrait lui faire dire :

— *That's life!*

Donna

11 octobre 1969

Les pas de Donna résonnent dans les couloirs de l'hôpital, battant le rythme de sa démarche assurée. À 8 heures du matin, elle vient de finir son service de nuit et a laissé derrière elle sa blouse d'infirmière. Au nord de San Francisco, dans le quartier du Presidio, elle accompagne les patients de l'hôpital militaire Letterman.

La nuit a été éprouvante. Avant de refermer son casier, comme toujours bien rangé, elle marque une pause solennelle. Quand elle doute, elle essaie toujours de se laisser submerger par le souvenir de sa remise de diplôme, quatre années plus tôt, à l'hôpital St Joseph dans l'Iowa. Ce jour-là, elle avait reçu la coiffe et le badge qui distinguent les infirmières. Elle était tellement fière. Les symboles de son engagement, bénis par Monseigneur Julius Berger, l'accompagnent toujours.

Les mots du juge Schaup résonnent de nouveau en elle. Son discours avait marqué les esprits des quarante-six infirmières diplômées ce jour-là. Elles entraient dans une nouvelle ère de progrès et d'émancipation pour la profession, et pour les femmes en général. Soulignant l'œuvre de Florence Nightingale, féministe et pionnière des soins modernes, il s'était réjoui que « les femmes d'aujourd'hui aient autant d'opportunités que les hommes dans l'enseignement et les affaires ».

— Hey, tu vas où, habillée comme ça, poupée ? lui lance Barry. Un rendez-vous galant avec un jeune homme dont tu briseras le cœur ?

À quarante-cinq ans, Barry se plaît à jouer les grands frères avec Donna, même s'il reste un peu dragueur et qu'il est maladroit. Barry ne comprend pas toujours ses choix de vie, et, c'est plus fort que lui, il ne peut s'empêcher de lui donner ses conseils ou son avis sur ses décisions. Mais Donna l'aime bien, il est un peu plus futé que ces hommes qui ne comprennent pas pourquoi elle repousse leurs avances, parce qu'à vingt-cinq ans elle est toujours célibataire et qu'elle devrait se sentir flattée. La plupart de ses amies se sont mariées après le lycée. Barry est un type bien.

— Ne sois pas jaloux, tu resteras ma victime préférée ! lui lance-t-elle.

L'humour est la parade la plus efficace qu'elle a trouvée face aux petites phrases. Feindre la naïveté a tendance à rendre les hommes plus téméraires, trop téméraires. La remarque de Barry la fait sourire. Bien sûr, elle est fière de porter sa blouse d'infirmière pendant le service, mais elle aime aussi se sentir élégante en dehors de ses horaires de travail. Donna n'est pas vraiment portée sur les nouvelles boutiques hippies d'Haight-Ashbury, elle leur préfère les enseignes d'Union Square, comme City of Paris. C'est d'ailleurs ce qui l'a attirée à San Francisco – un « Paris de l'Ouest », comme la ville fut surnommée un temps.

Dans le Dakota du Sud natal de Donna, San Francisco rime avec grands magasins et avant-garde culturelle. La métropole rayonne au-delà des frontières de son État, la Californie, et concurrence les grandes villes de la côte est. Avec le plus grand port de la côte pacifique, la ville est un carrefour des routes commerciales, ouverte sur un monde que Donna ne demande qu'à explorer.

Elle n'est arrivée à San Francisco que récemment, après deux ans à Santa Barbara. Inspirée par le discours de sa remise de diplôme, Donna a d'abord travaillé au Cottage Hospital : une institution née de la vision et de l'engagement de femmes. Désireuses d'offrir des soins aux nécessiteux dans un but non lucratif, elles ont été une quarantaine à créer puis diriger l'hôpital. Depuis sa fondation dans un cottage à l'architecture victorienne, le Cottage Hospital est devenu une référence.

— À demain, Georgia ! lance-t-elle avec enthousiasme à la réceptionniste qui, surprise dans sa demi-sieste, manque de renverser un mug de café qui a eu quelques heures pour refroidir.

Cela n'empêche pas Georgia de prendre une grosse gorgée de ce qui ressemble davantage à une eau stagnante qu'à un expresso. C'est d'ailleurs pour Donna la seule manière acceptable de boire un café : à l'italienne.

— Attends, Donna ! Quelqu'un a essayé de te joindre plusieurs fois cet après-midi.

Immédiatement, la jeune femme pense à ses parents. Ils s'appellent une fois par semaine, le dimanche, pour échanger des nouvelles, mais c'est toujours elle qui compose l'appel téléphonique à un horaire convenu. Elle connaît peu de monde qui pourrait l'appeler au travail, et si c'est sa famille, alors c'est probablement urgent.

— Ils ont dit si tout allait bien ? demande-t-elle, inquiète.

— *Ils* ont dit ? Non, c'était toujours le même type. Il a appelé plusieurs fois en demandant à parler à « Sainte Donna ».

— Ah, c'est nouveau ça, tiens !

— Ça ne te dit rien ? Je l'ai trouvé bizarre, il avait une voix, comment dire…

— Genre… robot ?

— Oui, c'est ça ! Il a même ri à un moment, j'ai trouvé ça flippant… C'est un ancien patient ?

— Ne t'inquiète pas pour ça, merci.

Elle fait signe qu'elle l'embrasse de loin et tourne les talons vers la sortie. Georgia répond par un haussement de sourcils interrogatif et une nouvelle gorgée, qui la fait grimacer cette fois-ci.

Donna traverse le parking de l'hôpital, lorsqu'un break marron ralentit à sa hauteur ; l'allure du véhicule, qui roule lentement, est calée sur ses pas.

— Je vous raccompagne, Donna ? lui propose un homme au crâne dégarni, de la fenêtre à laquelle il s'est accoudé.

Elle ne se souvient pas de l'avoir déjà rencontré, mais apparemment elle lui est familière. Il porte encore son bleu d'agent d'entretien et travaille visiblement à l'hôpital. Peut-être se sont-ils croisés à la cafétéria ?

— Allez, Donna, on peut s'arrêter prendre un café au Kenny's sur la route vers Richmond. Vous habitez bien vers Washington High School ?

— Merci, mais je ne voudrais pas retarder le biberon de votre petit dernier…, répond-elle d'un air faussement désolé, jetant un regard appuyé vers la banquette arrière du break sur laquelle est fixé un siège bébé.

Puis elle sort de son sac à main une clé qu'elle glisse dans la serrure d'une Chevrolet Camaro :

— Et puis, j'ai ma voiture !

Baby blue

15 octobre 1969

— *Baby blue* ?!

— Bleu ciel, quoi…

— C'est une couleur pour une voiture de police ?!

— Et une tétine à la place de ton flingue. Ça va les calmer, les criminels.

— Déconne pas, Dave. Qui a eu cette idée de génie ?

— Un philosophe new age qui vit sur Sausalito, Alan Watts…

— Connais pas.

— Ça ne m'étonne pas de toi, Bill, les interrompt le capitaine Martin Lee, en faisant irruption dans le bureau des inspecteurs.

Puis de rassurer ses limiers :

— Soyez tranquilles, tant que je serai le chef du département des investigations, aucun de mes gars ne sera déguisé en nourrisson.

En remplaçant le noir des véhicules et des uniformes par du bleu ciel, la proposition de Watts vise à adoucir les relations dernièrement jugées tendues entre la police de San Francisco et les habitants de la ville. L'objectif est de restaurer la confiance, à un moment où la défiance à l'égard des autorités a atteint son comble.

Ces deux dernières années ont été émaillées d'une vingtaine de manifestations dont certaines sont parties sérieusement en vrille. Les forces de l'ordre sont régulièrement accusées de brutalités policières, quand ce n'est pas d'avoir volontairement contribué à embraser les rues de la ville qu'elles sont censées protéger. La situation est explosive, face à certains groupes de défense des droits civiques.

— Les SDS, les Black Panthers, les Weather Underground… Ils ont des noms folkloriques, mais je peux te dire que ces groupes ne sont pas là pour un festival rock ! Ça va finir par péter, les collègues se font agresser en rentrant du boulot, s'inquiète Armstrong.

— On change rien, tolérance zéro. Le maire nous soutiendra tant que les honnêtes gens seront en sécurité. Du nouveau dans l'affaire du taxi ?

— C'est le Zodiac !

— Qu'est-ce que vous me chantez là, Toschi ? Qu'est-ce que le karma a à voir avec ça ?

— Le Tueur du Zodiac, chef !

— Mais c'est un tueur d'adolescents de campagne ! Qu'est-ce qui vous fait penser que ce serait notre homme ? Pourquoi est-ce qu'il changerait de victimes ?

— On a du mal à comprendre… En tout cas c'est bien lui : on a reçu ça ce matin. La chemise est au labo.

Le capitaine Lee comprend en voyant la lettre que Toschi lui tend.

Ici le Zodiac qui vous parle.
Je suis le meurtrier du chauffeur de taxi près de Washington St. & Maple St. la nuit dernière, pour le prouver, voici un morceau de sa chemise tachée de sang. Je suis le même homme qui a tué les gens dans la région de North Bay.

Après avoir froidement liquidé Paul Stine, le Zodiac a donc pris le temps de tailler un trophée macabre dans la chemise encore chaude de sa victime. Il démontre qu'il peut frapper sans distinction, de San Francisco au comté de Napa. La mort du chauffeur envoie un message clair : il ne s'attaquera plus seulement à de jeunes couples, mais à n'importe qui. L'idée que chacun puisse être abattu en faisant ses courses, en rentrant de son travail ou en promenant son chien va progressivement hanter la population. Car la lettre se termine par une menace qui fait franchir une nouvelle étape dans la terreur :

> *Les écoliers font de belles cibles, je pense que je vais anéantir un bus scolaire, un matin. Je tirerai dans le pneu avant et je cueillerai les enfants quand ils rebondiront.*

Panique

22 octobre 1969

L'alerte a été étendue à Lake County, au nord de Santa Rosa. Sept comtés sont à présent concernés par la menace du *sniper* qui veut attaquer un bus scolaire. *The Press Democrat* rapporte que les autorités locales, la police des autoroutes et les pompiers sont mobilisés pour sécuriser les convois scolaires.

L'école élémentaire Jefferson a décidé d'organiser une réunion de parents d'élèves pour calmer les esprits, alors que l'absentéisme atteint des records. La moitié des écoliers ne se sont plus présentés en cours depuis une dizaine de jours.

M. Crawley, le proviseur, n'est pas venu ce matin, laissant Mme Ferguson livrée à elle-même. L'institutrice a installé des chaises en demi-cercle devant l'estrade, sur laquelle elle s'est hissée pour élever sa voix au-dessus du brouhaha qui résonne dans la petite salle de classe. La pièce, si spacieuse quand elle accueille des enfants de six ans, a pris des allures de maison miniature à présent que s'y entassent des parents d'élèves agités. L'excitation ambiante ne faiblit pas, malgré les dessins colorés qui tapissent les murs et témoignent de l'insouciance qui règne habituellement dans la classe.

— S'il vous plaît ! S'il vous plaît ! Allons, du calme…

Mme Ferguson hésite à taper dans ses mains, comme elle le fait pour recadrer ses élèves de primaire quand ils sont survoltés. La masse grisâtre que forment les parents, dans leurs habits de ville si austères, continue d'aboyer. La salle de cours, trop petite et trop colorée, est comme agressée par l'éruption de nervosité. Mais Mme Ferguson a un invité pour cette réunion exceptionnelle et, quand il monte sur scène, les « chut ! » et les murmures dissipent les cris et les sanglots.

— Merci, reprend-elle. Messieurs, mesdames, j'ai demandé à Ernesto, que certains d'entre vous connaissent déjà, de participer à cette réunion très spéciale. Ernesto transporte les élèves de cette école tous les jours depuis quinze ans.

— Dix-sept ans, l'interrompt l'intéressé.

— Plus de quinze ans… beaucoup de temps, reprend l'institutrice. Sans jamais rater une journée.

Un bourdonnement d'approbation s'élève du fond de la pièce. Ernesto est chauffeur de bus. Un grand gaillard, le genre sur lequel on peut compter et en qui on a confiance quand on lui laisse ses gosses. Mais de là à l'imaginer riposter en cas d'attaque du tueur fou… L'agitation reprend de plus belle.

— Écoutez ! Écoutez ! Je peux vous assurer que les enfants sont en sécurité. Chaque bus est escorté par un représentant des forces de l'ordre, de la police ou du bureau du shérif et…

— Et pourquoi pas l'armée ? demande un parent.

— Allons, soyons raisonnables, répond un autre, ce n'est pas le rôle de l'armée de…

Dans une cacophonie qui a repris de l'élan, le débat sur l'engagement militaire des États-Unis au Vietnam vient polluer la réunion de parents d'élèves, comme il pollue déjà de nombreuses réunions de famille depuis quelques années. Ernesto frappe du poing sur le bureau, ce qui dissipe de nouveau les piaillements. Mme Ferguson en profite pour rappeler les parents à la raison d'une voix qui se veut rassurante :

— Pensez à l'avenir de vos enfants. Leur instruction ne peut s'arrêter parce qu'un… parce qu'un… illuminé l'a décidé dans une lettre et…

— Dites ça aux parents de la petite de Vallejo ! l'invective une voix noyée dans la masse.

Un court silence, profond, emplit la pièce.

— Ernesto, reprend l'institutrice, va vous informer des consignes que les autorités ont données pour s'assurer qu'aucun enfant ne soit en danger.

Le chauffeur de bus bombe le torse et commence à expliquer qu'au premier coup de feu il appuiera sur l'accélérateur pour mettre à l'abri les écoliers. La perspective de son propre bambin terrorisé, agrippé à sa banquette alors que le bus dévale une ruelle sous les balles d'un forcené n'est peut-être pas ce qu'il y a de plus rassurant, mais il assure que c'est la meilleure chose à faire. Les autorités demandent aussi aux parents qu'ils préviennent la police ou le bureau du shérif à partir du moment où le bus a cinq minutes de retard – Ernesto trouve cela excessif. Mme Ferguson quant à elle recommande aux parents que leurs enfants soient prêts dix minutes à l'avance pour éviter l'accumulation des retards et les fausses alertes.

— Jamais de la vie ! s'emporte quelqu'un.

— On n'a jamais vu ça ! renchérit un autre.

— Et notre liberté, dans tout ça ?! aurait pu conclure un troisième.

Le chaos s'engouffre de nouveau dans la brèche et inonde la salle de classe, dans un torrent de vociférations plus véhémentes les unes que les autres.

La terreur insufflée par la folie d'un homme dont personne ne sait rien a pénétré la chair de bien plus d'innocents que ses propres balles.

Mme Ferguson est prise d'un vertige à l'idée que le monde qu'elle a connu ne sera plus jamais le même. La peur lui dresse un tableau si sombre que son regard lui-même se voile, et elle manque de perdre connaissance quand elle aperçoit à travers la fenêtre la silhouette du proviseur Crawley, qui vient dans leur direction au pas de course. D'interminables secondes plus tard, il fait irruption dans la salle de classe. Le public se fige dans sa débâcle, comme s'il avait anticipé l'annonce qui le libérerait de son effroi. Après avoir repris son souffle, le proviseur s'écrie dans une exultation qui trahit son soulagement :

— Le Zodiac a appelé la police d'Oakland ! Il veut se rendre !

Sam

22 octobre 1969

Le soleil se lève quand la chaîne télévisée KGO-TV diffuse la matinale de Jim Dunbar, « AM San Francisco ». Le talk-show a annulé tous ses invités ce matin-là : on attend un appel du Zodiac d'une minute à l'autre. Les parents, terrifiés par la menace aléatoire qui plane au-dessus de la vie de leurs enfants depuis quelques semaines, espèrent que c'est la fin du jeu et que le psychopathe va définitivement se rendre. C'est en tout cas la mission que se donne le présentateur.

Dans la nuit précédente, le commissariat d'Oakland avait reçu un appel du Zodiac. Il souhaitait parler à l'un des deux célèbres avocats, F. Lee Bailey ou Melvin Belli, lors de l'émission en direct de Jim Dunbar, le lendemain matin : il avait des révélations à faire. Contacté en urgence par la police, Belli avait accepté la proposition.

L'avocat haut en couleur est connu pour avoir défendu Jack Ruby, accusé d'avoir tué l'assassin de JFK, Lee Harvey Oswald. Quand il remporte un procès, il le fait savoir en hissant un drapeau pirate au sommet de ses bureaux, et accompagne la célébration d'un tir de canon. Plus tard, il représentera des stars telles que

Mohammed Ali et les Rolling Stones. Cette fois, il défend le Zodiac.

La caméra est en plan large sur Melvin Belli et Jim Dunbar, assis derrière un pupitre. Le fond est sobre, il affiche un immense logo « AM », celui de l'émission. Le présentateur pose les bras sur la table, croise les doigts. Cela fait déjà plusieurs minutes que les échanges avec le Zodiac ont commencé mais, jusque-là, la discussion a viré au chaos. La voix à l'autre bout du fil a d'abord demandé qu'on l'appelle Sam, avant de raccrocher brutalement. S'est ensuivie une discussion entrecoupée d'hésitations, de cris et de lignes qui raccrochent, à laquelle les téléspectateurs assistent en retenant leur souffle. La tension est telle que les chaînes concurrentes ont invité leurs téléspectateurs à regarder le talk-show. Mais Jim Dunbar s'apprête à parvenir à un semblant de conversation, lorsqu'il invite « Sam » à la confidence sur un ton apaisant :

— Parlez-nous. Dites-nous juste ce qui se passe en vous, en ce moment. S'il vous plaît.

— J'ai des maux de tête, gémit Sam.

— Bien sûr. Depuis combien de temps avez-vous ces maux de tête, Sam ? Depuis longtemps ? rebondit Belli.

— Depuis que j'ai tué un enfant, confesse Sam, essoufflé.

— C'était avant décembre que vous aviez ces maux de tête ?

— Oui.

— Êtes-vous déjà tombé d'un arbre ou d'un escalier ? Avez-vous déjà été inconscient ?

— Je ne sais pas.

La caméra bascule sur un plan rapproché de l'avocat aux cheveux gris, signe rassurant d'une longue expérience. Son regard se veut compréhensif.

— Vous ne vous souvenez pas. L'aspirine vous fait du bien ?

— Non.

— Ça ne vous fait aucun bien ?

— Non. Ce foutu truc ne m'a jamais fait de bien non plus !

Le présentateur interrompt le tête-à-tête et la caméra retourne à son plan élargi initial. Depuis quelques jours déjà, un inconnu disant être le Zodiac harcelait le standard téléphonique pour passer à l'antenne. Jim Dunbar veut en avoir le cœur net :

— Sam, laissez-moi vous poser une question. Avez-vous, hum, avez-vous essayé d'appeler ce programme une autre fois quand M. Belli était avec nous ?

— Quoi ?

— Avez-vous déjà essayé de nous appeler, il y a deux ou trois semaines, quand M. Belli était avec nous ?

— Oui.

— Et vous n'avez pas réussi à passer le standard, c'est ça ?

— Oui.

— Pourquoi vouliez-vous parler à M. Belli, Sam ?

— Je ne veux pas souffrir.

— Vous n'allez pas souffrir. Vous ne souffrirez pas si vous me parlez, rassure Belli.

— Vous n'irez pas à la chambre à gaz, ajoute le présentateur.

L'asphyxie par l'inhalation de cyanure d'hydrogène a remplacé la pendaison en Californie depuis 1937. Les condamnés sont enfermés dans un caisson qui diffuse le gaz paralysant jusqu'à ce que mort s'ensuive.

— Je ne pense pas qu'ils demanderaient la peine capitale. On devrait demander au procureur… Est-ce que vous voulez que je le fasse, Sam ? Vous voulez que je parle au procureur général ?

On entend un hurlement.

— Qu'est-ce que c'était ? s'inquiète l'avocat.

— Je n'ai rien dit. C'était mon mal de tête.

— On dirait que vous souffrez beaucoup. Votre voix est étouffée. Qu'est-ce qu'il y a ?

— J'ai mal à la tête. Je suis malade. J'ai une de mes migraines.

Sam hurle encore une fois.

— Je vais les tuer. Je vais tuer tous ces gamins !

Friperie

22 octobre 1969

— Les cheveux, ça va ? Jeff, tu m'entends ! Les cheveux, ça va ?

L'assistant lui fait signe que son brushing est impeccable.

— Test micro. Je n'ai pas de retour, bon sang ! On fait quoi s'il se pointe, on n'est pas prêts !... C'est bon, j'ai rien dit, ça fonctionne. Elle est cadrée comment, la caméra ? OK. Plan large, ensuite tu zoomes sur le magasin ? OK. Bon, ça fait vingt minutes, il fout quoi, le Zodiac ?

Dick Schumer est posté de l'autre côté de Mission Street, un micro à la main. En face de lui, par-delà les files de voitures, une boutique de vêtements de seconde main est le centre de toutes les attentions. Il n'est pas le seul à avoir fait le déplacement. Un attroupement de journalistes accompagnés de leurs cameramen a établi un campement pour ne pas manquer les images de l'homme qui fait trembler la Baie depuis des mois. Le Zodiac a rendez-vous avec Melvin Belli pour se livrer aux autorités. Tout le monde retient son souffle.

— Une friperie. Et pourquoi pas une laverie ! Il aurait pu se confesser entre deux lessives, ironise le journaliste, pas peu fier de sa plaisanterie.

Après l'émission de Jim Dunbar, Melvin Belli est convenu hors caméra d'un rendez-vous le jour même avec Sam, lui promettant de lui offrir son aide. Il réussira peut-être, en négociant avec le procureur, à lui faire éviter une condamnation à mort s'il se livre. Sam a d'abord préféré le toit du Fairmont Hotel, un hôtel de luxe de San Francisco. « Venez seul, sinon je saute », a-t-il menacé. Finalement, un accord a été trouvé pour se rencontrer dans un endroit beaucoup moins ostentatoire et plus près de l'asphalte.

Des officiers du SFPD sont déployés partout autour, en civil et sur les toits. L'endroit du rendez-vous n'a rien de sensationnel, comme tant de lieux où se sont joués les destins de nations entières. À l'intérieur de la boutique, Jim Dunbar, Melvin Belli et le capitaine Martin Lee patientent dans une atmosphère étouffante. Il leur semble qu'à chaque instant le cours de l'Histoire peut basculer – vers un dénouement, ou un bain de sang.

La friperie tient son nom du réseau de l'œuvre caritative auquel elle est affiliée, St. Vincent de Paul. Hasard ou coïncidence, le canonisé fut le premier aumônier général des galères, recueillant les confessions des criminels. Melvin Belli n'est ni prêtre ni jésuite, mais il est prêt à écouter la confession du Zodiac. À défaut de lui garantir les esclaves pour la vie après la mort qu'il demande, peut-être que l'avocat peut lui éviter la chambre à gaz.

— Avec tout ce monde dehors, ce serait un miracle qu'il se pointe.

— Je sais, mais on ne va pas courir le risque de le manquer. Le pays tout entier a les yeux braqués sur nous, mon cher Jeff.

L'assistant lève le pouce. Puis les épaules. En vérité, il pense que tout le monde perd son temps. Il est bientôt 11 heures et le Zodiac a au moins quarante-cinq minutes de retard. On attend que cet homme qui a assassiné des gamins par surprise dans la nuit se livre en plein jour à des policiers sur les dents. Ceux-là mêmes qu'il a insultés dans ses lettres.

Les minutes s'égrènent, libérant de leur fardeau, par petites touches, les acteurs de ce rendez-vous. Jusqu'à cette évidence : le Zodiac ne viendra pas. À 11 h 25, Melvin Belli quitte la scène et retourne à ses bureaux clinquants en centre-ville. Aux chaînes de télévision, il dit qu'il n'est pas sûr que ce soit bien le tueur en série qui l'a contacté pendant l'émission.

Ce qui ne fait toutefois aucun doute, c'est que Sam a besoin d'aide. Dans les jours qui suivront, il appellera à plusieurs reprises au domicile de l'avocat. La police finira par remonter la ligne, l'identifier et découvrir qu'il s'agissait en fait d'un usurpateur : un patient en hôpital psychiatrique qui s'était fait passer pour le tueur en série à la télévision.

Deux semaines après ces événements, le Zodiac – le vrai – envoie une carte de vœux au *San Francisco Chronicle*. Il exige que le journal publie en première page un nouveau cryptogramme. Éminemment lié à l'appel de Sam, il ne sera décrypté que cinquante ans plus tard.

Engin de mort

10 novembre 1969

— Il commence à me pomper l'air avec ses « cryptoquotes », ce...

— Cryptogrammes, Bill, on dit des cryptogrammes, s'il te plaît, le reprend Toschi qui remet en place son nœud papillon.

— Si tu veux ! Bordel, qu'est-ce qu'il s'imagine ? Qu'on n'a que ça à foutre, de jouer aux mots croisés ?!

Arrivés presque le même jour au *San Francisco Chronicle*, les 8 et 9 novembre, les deux courriers du Zodiac ne présagent en rien de la volonté du corbeau de se rendre. D'abord une carte de vœux humoristique sans grand intérêt, mais accompagnée d'un cryptogramme presque aussi long que le premier. Son auteur exige qu'il soit aussi publié dans le journal.

— En première page ! Rien que ça, enfoiré !

— Du calme, Bill...

— Il se fout littéralement de notre gueule, Dave ! Tiens, je te lis la lettre :

> *À fin octobre, j'ai tué sept personnes. Je me suis mis en colère contre la police qui a raconté des mensonges sur moi. Je vais donc changer la*

façon dont je collecte les esclaves. Je ne l'annoncerai plus à personne. Quand je commettrai mes meurtres, ils ressembleront à des vols de routine, des meurtres de colère, & quelques faux accidents...

— En même temps, le patron n'y est pas allé avec le dos de la cuillère, rappelle Toschi, en référence à la conférence de presse du capitaine Martin Lee après le meurtre de Paul Stine.

— Maladroit, menteur et... homosexuel latent, c'est ce qu'il a dit. Je trouve qu'il est resté *soft*.

La collecte des « esclaves pour la vie après la mort » a alimenté les fantasmes de l'opinion, après qu'a été révélé le contenu du premier message crypté. L'identité mystique que le Zodiac avait voulu se façonner ne l'a pas prémuni contre une psychanalyse par correspondance. On le dépeint frustré, probablement laid. Certes brillant, mais peu éduqué – il fait tant de fautes d'orthographe. Méprisé dans son travail, qu'il ne peut quitter que le week-end pour tuer. Un homme qui se satisfait de détruire ce qu'il n'aura jamais : l'amour. Dans la presse, des portraits du tueur sont dressés au vitriol.

Lui qui cherche à cultiver la terreur et le mystère se voit enfermé dans une case. Ses meurtres, qu'il souhaitait aussi anxiogènes qu'arbitraires, les voilà réduits à des pulsions frustrées et à des vengeances macabres. Le Zodiac est fou de rage.

Mais ce qui rapidement attire l'attention des enquêteurs, c'est le décompte des victimes – une démarche en soi peu commune. Il en revendique sept. Se pourrait-il que deux meurtres leur aient échappé ?

— Il y a le premier couple d'adolescents, puis la jeune femme de Blue Rock Springs, ensuite celle de Lake Berryessa – elle a souffert le martyre – et…

— … et Stine, le chauffeur de taxi. Lui ne l'a pas vu venir, complète Bill.

— Ça fait cinq. Cinq victimes dont on est sûrs… Qui sont les autres ? s'interroge Toschi, dont le regard survole ses piles de dossiers. Il faut les retrouver, elles peuvent fournir des indices.

Avec le meurtre de Paul Stine, le Zodiac a renoncé à son *modus operandi* : cette carte de visite d'un *serial killer*, piste privilégiée des *profilers* et qui parfois le trahit. Un tueur ne peut lutter contre ses obsessions et ses perversions, lesquelles lui font semer des indices. Jusqu'à présent, le Zodiac s'était attaqué à des couples dans des zones rurales, en variant les armes pour brouiller les pistes : un 22, un 9 mm, un couteau et des cordelettes… Mais en vérité, jusqu'ici, sa signature avait semblé contenue dans le profil de ses cibles.

S'il n'avait revendiqué le meurtre du taxi dès le lendemain, on ne l'aurait jamais soupçonné d'en être l'auteur. Mais en changeant sa routine, le tueur s'est exposé. Des adolescents l'ont aperçu depuis la fenêtre de leur chambre ce soir-là, à la lueur d'un lampadaire. À partir de leurs témoignages, on a pu esquisser un portrait-robot, diffusé dans tous les commissariats et dans la presse.

Bill poursuit la lecture de la lettre à son collègue :

> *Deux flics ont fait une gaffe environ trois minutes après que j'ai quitté le taxi. Je descendais la colline vers le parc lorsque cette voiture de police s'est arrêtée et l'un d'eux m'a interpellé et m'a demandé si j'avais vu quelqu'un agir de manière suspecte ou étrange au cours des cinq à dix der-*

nières minutes. J'ai répondu que oui, il y avait un homme qui courait en brandissant une arme [...].

— Incroyable ! s'exclame Toschi en tapant du poing sur le bureau, ils l'ont laissé filer. On a laissé filer le Zodiac !

Deux officiers en patrouille dans le coin ont été mobilisés quand les coups de feu ont été tirés. Le dispatch leur a envoyé le signalement, un suspect afro-américain... avant de rectifier l'erreur. Trop tard : quand un homme blanc leur a indiqué que le criminel s'était enfui dans une autre direction, ils ont pris ses mots pour argent comptant.

— C'est pas le pire, Dave. On a un problème plus grave.

Bill Armstrong, qui est arrivé à la quatrième page de la lettre, raconte à son collègue que le Zodiac a changé aussi la façon dont il compte s'attaquer au bus scolaire. Il n'est plus question d'un tir en embuscade, mais de nitrate d'ammonium et de kérosène.

— Une bombe ?! s'exclame Toschi.

— Sur le bord de la route. Quitte à changer de *modus operandi*... Et cette enflure a fait un dessin, regarde.

Le Zodiac a tracé les plans de sa bombe et le dispositif d'allumage. La menace paraît sérieuse et il n'est pas question de la rendre publique alors que la panique a déjà gagné la population. Pour le terroriste en revanche, l'impuissance des forces de l'ordre ne fait plus aucun doute :

Ce que vous ignorez, c'est si l'engin de mort est sur site ou s'il est stocké dans mon sous-sol pour une utilisation future. Je pense que vous n'avez pas la main-d'œuvre nécessaire pour l'arrêter en fouillant tous les bords de route à la recherche de cette chose… N'essayez pas de dérouter les bus ni de changer leurs horaires car la bombe peut être adaptée à de nouvelles conditions.

Amusez-vous bien ! Au fait, ça pourrait être le bordel si vous essayez de me bluffer.

Judith

22 mars 1970

— Non merci ! Mon soutien-gorge est très bien là où il est !

— C'est de la provocation, Judith, un moyen pour se faire entendre…

— « Que les femmes se taisent dans les assemblées : elles n'ont pas la permission de parler…

— … elles doivent rester soumises, comme dit aussi la Loi », complète Donna en interrompant son amie. Première épître de Paul aux Corinthiens, chapitre 14. Je te rappelle qu'on sort du même moule. Enfin, l'avantage des lois, c'est qu'on peut les changer.

— Oui, eh bien, moi je pense que c'est n'importe quoi. Une femme est une femme et un homme est…

— … un cochon ?! lance Donna, trahissant un agacement que son tempérament habituellement paisible ne révèle que rarement.

Les manifestations de l'été dernier sur Montgomery Street ont eu des échos jusqu'en Dakota du Sud, dans la famille de Donna. Les chaînes de télévision ont relayé les images de jeunes manifestantes se libérant de leurs soutiens-gorge sous les yeux amusés de badauds, parfois trop distraits pour percevoir dans ce geste sa portée symbolique ou le signe d'une société en mutation.

Quand ce n'est pas l'ignorance, c'est l'ambivalence qui l'agace, comme dans cette publicité de recrutement de l'oncle Sam qu'elle a aperçue un peu plus tôt, en rejoignant Judith : « L'armée a besoin de filles autant que de généraux. » La photographie mettait en scène une jeune femme au regard malicieux présentant un dossier à un haut gradé en uniforme, cheveux grisonnants et médailles à profusion, dans une proximité physique suggestive.

Ses joues s'empourprent, Donna regrette un peu son petit excès de ferveur, au risque d'avoir choqué son amie, qui s'est réfugiée dans son cocktail. Elle reprend plus calmement :

— Ce n'est pas qu'une question d'indépendance, ou de liberté. Mais d'égalité… et comment tu fais pour boire ça ?!

— C'est un Pink Lady ! C'est bon… J'aurais bien pris une Shady Virgo mais je n'aime pas le rhum. Enfin, tu as bien changé, et pas que physiquement. Je t'ai à peine reconnue en arrivant ! Ça te plaît ici ? Et tu n'as pas peur de ce tueur, Zoltan ?

— Le Zodiac ?

— Mon Dieu, quel surnom affreux… Remarque, c'est à la mode. On dit qu'il déteste les femmes.

— Mais comment tu sais tout ça, toi ?

— Les faits divers, c'est tout ce qu'il me reste depuis qu'on a déménagé à Sioux Fall. Tommy a eu une promotion…

Attablée au Top of the Mark, le bar à cocktails du dix-neuvième étage de l'hôtel Mark Hopkins, Donna contemple l'horizon. Elle entend sans l'écouter la voix rapide de Judith et le tintement des glaçons qu'elle fait tournoyer frénétiquement dans son verre.

Cette vue sur la *skyline* de San Francisco, avec ses ruelles étroites et ondulées, ses maisons victoriennes rougeoyantes, à l'heure où le soleil se noie dans le Pacifique… on dirait que la ville l'implore de ne pas la quitter.

— Bla bla bla, tu ne penses pas ? Donna ?

— Oui, pardon… je ne sais pas, pardon. Tu disais ?

— Je te disais, tu ne penses pas que tu devrais penser à ton avenir, te poser quoi ? Tu savais que Jeremiah a repris la boucherie de…

Donna ne l'écoute déjà plus. Le doute la submerge. Elle ne sait plus si elle aime toujours cette ville au charme européen. Judith, qui s'est donné une mission, a décelé la faille chez son amie. Elle compte bien s'y glisser pour ramener la brebis égarée dans le troupeau. C'est pour son bien.

Les deux amies se connaissent depuis le lycée. Elles se sont rencontrées à la chorale où elles ont noué une de ces amitiés qui résistent tant bien que mal à des chemins de vie différents. Que de souvenirs au club des Futur Homemakers of America, où elles ont appris ensemble à devenir de bonnes femmes d'intérieur faisant la fierté de leur communauté ! Certains souvenirs sont meilleurs que d'autres…

Pour Donna, son amie incarne un idéal féminin qu'elle-même ne sera jamais. Populaire au lycée, mariée à Tom Radford qui était dans l'équipe de football, et mère de trois – bientôt quatre – enfants. À vingt-cinq ans, Judith a tout de la parfaite femme au foyer. Donna, pour sa part, a fait le choix de partir à l'aventure, rattraper le temps perdu et découvrir le monde.

— C’est pour ton bien que je te dis ça, Donna. Nous ne sommes plus toutes jeunes !

— Vingt-cinq ans…

— Oui, mais si tu veux avoir des enfants…

— Je veux aller à Paris !

La réponse spontanée de Donna n’est pas exactement ce qu’espérait Judith, dont les efforts semblent avoir au contraire éloigné son amie de leur berceau rural. Même si San Francisco n’a pas tenu ses promesses. Après l’été de l’amour de 1967, la ville a entamé une mutation culturelle qui l’éloigne de l’imaginaire glamour qui avait séduit Donna. D’ailleurs la séduction est un jeu qu’elle a découvert tardivement et dont les codes lui échappent parfois.

— Parlons d’autre chose, si tu veux bien… Comment va Tom ?

Wanted

22 mars 1970

Une nuit brumeuse enveloppe San Francisco lorsque Donna quitte son amie. C'est réconfortant et troublant à la fois de revoir un visage si familier, dont elle est aussi intime, alors que tant de choses ont changé dans sa vie.

Ce n'est que lorsqu'elle s'éloigne de Judith que Donna est envahie par les souvenirs de son adolescence à Beresford, parfois ingrate, mais au fond paisible. Au lycée, elle était celle à laquelle on confiait ses peines. Elle avait les mots et la patience qui soignaient les cœurs de ses camarades. « Lumineuse comme un rayon de soleil », avaient-ils imprimé dans le livre scolaire de fin d'année.

Ces pensées la réconfortent, alors qu'elle descend California Street vers l'ouest pour rejoindre sa voiture. Elle devra ensuite rouler à travers Presidio Heights, en passant à quelques rues de l'intersection où le chauffeur de taxi a été assassiné par le Zodiac il y a moins de six mois. Elle en a des frissons le long des bras.

Ce n'est peut-être pas très prudent, pense-t-elle, de s'aventurer le soir, seule sur un grand boulevard. Et si quelqu'un voulait la suivre ? Elle ne s'en rendrait même pas compte, dans cette obscurité. Peut-être bien qu'elle entendrait les pas arriver derrière elle et qu'elle pourrait s'enfuir en courant. Ou arrêter un automobiliste pour la secourir, imagine-t-elle en jetant un regard par-dessus son épaule et en pressant le pas.

Elle atteint enfin sa voiture, qu'elle a garée dans une ruelle au calme. Le lampadaire sous lequel est stationnée sa Chevrolet jette une lumière crue sur une affiche scotchée sur le pylône en métal et qui lui donne l'impression d'être observée.

C'est un portrait-robot, surplombé de la mention « WANTED ». L'esquisse représente un homme blanc, à qui on donnerait entre trente et cinquante ans, et dont le visage n'a aucune particularité distinctive. Cheveux en brosse, lunettes sur le nez : monsieur Tout-le-monde. Le fugitif a un nom : *Zodiac Killer*. L'affreuse familiarité de ce visage lui hérisse les poils.

Impuissantes, les forces de l'ordre ont placardé à tous les coins de rue le portrait désormais célèbre. Les autorités le cherchent activement, il représente une menace croissante. Alors que les affiches des westerns mettent un prix sur la tête des fugitifs, celle du Zodiac ne propose aucune récompense. Elle serait dérisoire en comparaison des moyens colossaux déjà déployés : convois pour sécuriser les bus, hélicoptères de surveillance, brigades cynophiles… La capture du terroriste n'a pas de prix.

L'optimisme qu'affichait le capitaine Lee en octobre – il avait qualifié le Zodiac de criminel malhabile en conférence de presse – n'est plus qu'un lointain souvenir. Les empreintes collectées sur les cabines téléphoniques et la carrosserie du taxi n'ont permis d'inculper personne. Quant aux témoignages, ils ne sont pas concordants. En vérité, ce portrait-robot, c'est tout ce qu'on a. Depuis qu'il a été diffusé, c'est une déferlante d'appels qui s'est abattue sur le standard du SFPD :

le Zodiac est un oncle, un beau-père, un voisin. Mais surtout un fantôme.

L'espoir que le tueur se rende s'est évanoui et son nouveau cryptogramme renferme toujours son secret, alimentant les spéculations sur son contenu. Les analyses psychologiques du tueur fascinent autant qu'elles divisent. On dit de lui qu'il a des comptes à régler avec les femmes, mais ses derniers courriers menacent d'une attaque contre des écoliers.

À cette pensée, Donna éprouve un soulagement coupable.

Kathleen

22 mars 1970

Kathleen a quitté tard dans la nuit Modesto, dernière étape de son long périple avant d'arriver chez elle à Petaluma, quarante kilomètres au nord-ouest de Vallejo. Elle roule prudemment vers l'ouest, au volant de sa Chevrolet Impala 1957, une guimbarde qui a plus de dix ans. Plongée dans l'obscurité, la route n'est éclairée que par la pleine lune et les phares des quelques automobilistes qui filent dans un sens ou dans l'autre.

Elle emprunte la Highway 132 qui mène vers San Francisco, avec à bord de son véhicule son bébé de dix mois, Jennyfer. La tranquillité du voyage est perturbée lorsque des appels de phares insistants l'éblouissent dans son rétroviseur.

L'infirmière, qui élève seule sa fille depuis qu'elle a divorcé, est du genre méfiant. Les hommes sont dangereux. Elle ne cède pas à l'insistance de son poursuivant. Finalement ce dernier se lasse et la dépasse alors qu'elle s'engage sur l'Interstate 5.

De nouveau seule, elle commence à douter. Et si la voiture avait un problème que l'automobiliste tentait de lui signaler ? Kathleen ralentit puis s'arrête sur le bord de la route. Elle fait le tour de sa Chevrolet, inspecte les feux arrière, le pot d'échappement…

— C'est la roue qui a un problème ! lui clame une voix d'homme qui la fait sursauter. J'ai essayé de vous prévenir !

C'est lui qui me suivait.

— Il faudrait resserrer les boulons, c'est dangereux…

— Ah bon…

— Je peux le faire pour vous, si ça vous arrange ?

Kathleen est méfiante, mais elle n'a pas le temps de penser à une meilleure solution. Et puis, si sa voiture a vraiment un problème, elle ne s'y connaît pas en mécanique.

— Oui, merci… je veux bien, dit-elle avant de remonter dans son véhicule pour veiller sur son bébé.

L'homme disparaît dans le coffre de sa voiture et réapparaît, avec une lourde clé en métal dans la main.

— Chut… tout va bien ma chérie, murmure Kathleen à sa fille en l'enveloppant d'une petite couverture en laine, alors que la voiture tangue dans un grincement métallique.

Sans dire un mot, l'inconnu retourne dans sa voiture et démarre en trombe. Kathleen pousse un long soupir de soulagement. *Merci mon Dieu.*

La délivrance ne dure pas longtemps. À peine a-t-elle démarré que la voiture tangue brusquement et que sa roue se détache. Son véhicule s'immobilise, la laissant plantée là, dans une complète obscurité.

— Mince ! s'écrie-t-elle, en frappant son volant de détresse.

À présent qu'elle est vulnérable, deux lueurs rouges fondent sur elles comme sur une proie dans la nuit. Les feux de la voiture de cet homme, qui revient en marche arrière. Ils se rapprochent rapidement.

Kathleen ne bouge pas de son siège, pétrifiée. Le conducteur est descendu de son véhicule, sans claquer la portière. Sa silhouette sombre, découpée dans le halo des phares, se rapproche. Il surplombe la jeune femme à travers la vitre de sa portière.

— Vous avez un problème sérieux. On ferait mieux de vous conduire à un garage pour qu'ils jettent un œil.

Kathleen balaie du regard les alentours. Ils sont au milieu de nulle part.

— Je vous dépose, si vous voulez ?

Perdue et désemparée sur une route isolée, la jeune femme accepte la proposition et monte dans le véhicule de l'inconnu, avec son bébé dans les bras.

Elle avait craint que l'homme ne lui fasse des avances, qu'il tente de tirer profit de sa vulnérabilité. Elle est finalement rassurée, il n'est pas très bavard et le silence est réconfortant, après toutes ces émotions.

— Vous travaillez dans quel domaine ? la mécanique ? lui demande-t-elle au bout d'un moment.

— Ça dépend des périodes… je vais, je viens. Ce que j'aime surtout c'est conduire dans la nuit…

— … et aider les gens en galère comme ce soir ?

— En général, ils n'ont plus besoin de mon aide quand j'en ai fini avec eux.

La réponse inattendue installe un long silence. *Vivement la station-service,* se dit Kathleen en resserrant Jennyfer contre sa poitrine. L'intimité forcée avec cet inconnu ne la rassure pas. Un trentenaire, brun, taciturne, qui porte des lunettes. Il est vêtu d'une veste sombre et d'un pantalon bleu marine. Banal.

Cela fait une heure, ou peut-être plus, qu'ils sillonnent les routes de campagne à la recherche d'un garagiste. Quand enfin ils aperçoivent une station-service, ils la dépassent sans s'arrêter.

— C'était ici ! s'exclame Kathleen qui voit les lueurs de l'enseigne s'éloigner dans le rétroviseur.

— Tu sais que tu vas mourir ce soir, et que c'est moi qui vais te tuer.

Le masque est tombé, elle est piégée. La jeune maman, enceinte de sept mois, est pétrifiée.

— Tu ferais mieux de jeter ton bébé par la fenêtre.

La menace la submerge, elle se sent basculer dans un gouffre. Le vertige lui soulève l'estomac jusqu'à la nausée. Elle est coincée dans la cage qu'est devenue la voiture de son ravisseur, roulant à vive allure sur les chemins qui traversent les champs du comté rural de Stanislaus.

La virée nocturne qui la mène à l'abattoir semble durer des heures quand, à un croisement, son bourreau marque un stop. Dans un éclair de lucidité, guidée par son instinct, Kathleen y voit l'occasion de s'extraire des griffes de son prédateur. Elle ouvre la portière et se jette hors de la voiture, enveloppant Jennyfer dans ses bras pour la protéger alors qu'elle dévale le ravin.

— Tu n'iras nulle part ! Tu vas mourir !

Depuis le champ de maïs où elle s'est cachée, Kathleen entend les vociférations de son ravisseur. Puis la fureur qui s'éteint, et le moteur de la voiture qui repart en trombe.

Retrouvée par un fermier et ses fils, la rescapée arrive à 2 heures du matin au commissariat de police de Patterson dans un état de détresse psychologique. Ses mains écorchées en tremblent encore.

— C'est lui ! C'est cet homme ! s'écrie-t-elle, le doigt pointé vers l'affiche qu'elle aperçoit derrière le sergent Mc Natt alors qu'il prend sa déposition.

Un portrait-robot d'un homme blanc, la trentaine, cheveux courts et lunettes carrées sur le nez, surplombé d'une mention en lettres capitales : WANTED.

Inn Justice

29 avril 1970

— Tu te moques de moi, c'est ici qu'on vient boire un verre ?

— J'ai pensé que tu goûterais l'ironie. Dolores, deux whiskys s'il te plaît… et sans glaçons pour ce monsieur, ajoute Toschi en désignant son collègue d'un signe de tête.

Le bar sur Harriet Street, perpendiculaire à l'avenue où siège le Hall of Justice, n'a rien de grandiose. Comme il n'est pas rare que policiers en fin de service et délinquants libérés sous caution s'y croisent, il a été baptisé Inn Justice. D'ailleurs, il n'y a qu'un flic armé ou un malfrat pour oser passer sa porte.

En la franchissant, Bill a l'impression d'être rentré dans un long tunnel au bout duquel une lumière vacillante éclaire une table de billard. Ce n'est que lorsque son regard s'accoutume à l'obscurité de ce bruyant couloir qu'il distingue le comptoir qui court le long du mur tapissé de bouteilles, à gauche, et les places assises, à droite. Il grimpe sur un tabouret, avec l'espoir d'oublier une journée pénible.

Ce matin, une carte de vœux Jolly Roger est arrivée à l'Homicide Detail. Fidèle à la tradition sarcastique de son fabricant, elle figure deux personnages de bande dessinée, l'un chevauchant un âne, l'autre un gigantesque dragon. La blague inoffensive prend une tournure glaciale quand les autorités découvrent, au verso, un ultimatum :

> *Si vous ne voulez pas que je fasse tout péter, vous devez faire deux choses. 1. Raconter à tout le monde l'explosion du bus avec tous les détails.*

Encore le Zodiac. Les autorités n'ont plus le choix. Elles ne peuvent plus cacher à la population que le *sniper* qui menace les écoliers a fabriqué une bombe. De toute façon, elles n'ont pas pu éviter la panique. C'est Bill qui va devoir l'annoncer en conférence de presse, demain. Il ne se réjouit pas de la publicité qu'il est contraint d'offrir à un meurtrier qui tue pour le plaisir, et se paie le luxe de faire de l'humour. La publicité… ça l'excite sûrement autant que la mort, pense-t-il. Les policiers en ont pour preuve la deuxième exigence du corbeau :

> *2. J'aimerais voir de jolis badges du Zodiac se balader en ville. Tout le monde a ces badges comme ⊕, black power, melvin eats bluber, etc. Eh bien, cela me remonterait considérablement le moral si je voyais beaucoup de gens porter mon badge.*

— Il n'a plus peur de rien !

— Il sait qu'on n'est pas près de l'attraper. On l'aurait déjà fait si nos experts avaient pu craquer son dernier cryptogramme.

Cela fait une semaine qu'ils entretiennent l'espoir d'identifier enfin le Zodiac. Mardi dernier, une nouvelle lettre est arrivée, qui décrit en détail le fonctionnement de la bombe. Mais surtout, elle était accompagnée d'un nouveau code. Très court, seulement treize symboles :

Ici le Zodiac qui vous parle,
Au fait, avez-vous craqué le dernier cryptogramme
que je vous ai envoyé ?
Mon nom est
AEN⊕⊗K⊗M⊗⊥NAM

Enhardi par l'échec des experts sur son précédent cryptogramme, le tueur n'hésite pas à pousser l'effronterie jusqu'à donner son nom dans un nouveau code. Cela ne devrait pas être si dur que ça, a-t-on d'abord pensé. Mais, en résumant la clé de toute l'enquête à treize fichus symboles, le Zodiac ne fait rien d'autre que narguer ses poursuivants et les renvoyer à leur incompétence. Comme si la brièveté du code le rendait plus facile à déchiffrer !

— Même les Harden ont buté dessus ! s'indigne Bill, par-dessus le brouhaha ambiant et le tintement des verres de bière.

— Si vous voulez mon avis, treize, c'est vraiment un chiffre à la con, s'exclame Dolores en direction d'un des écrans de télévision accrochés aux murs.

— Hein ?

— Mais ces génies de la NASA baptisent une mission à trois milliards de dollars avec un chiffre qui porte la poisse. Et c'est le contribuable qui paie ! S'il n'y a pas d'étage numéro treize dans les ascenseurs des hôtels, c'est pour une bonne raison !

Sur les écrans, le journal télévisé diffuse un reportage sur la mission Apollo-13 dont l'équipe est retournée sur Terre il y a une dizaine de jours, après qu'une explosion à bord du vaisseau a fait avorter la mission lunaire. On pensait qu'ils y resteraient. Des miraculés.

— C'est un chiffre de malheur, je suis bien d'accord, lâche Bill en avalant une grosse gorgée de son scotch.

— Te noie pas dans ton verre, et épargne-nous tes superstitions. Tu crois que les nombres ont un sens, pour le Zodiac ?

— Il compte bien ses victimes. *J'ai tué dix personnes à ce jour*, il l'a écrit ! Zodiac, dix, SFPD, zéro !

— Mais on ne sait pas qui…

— On ne sait rien de ce type ! Ce qui me rend dingue, c'est que le téléphone n'arrête pas de sonner, et bon sang, on n'a pas une seule piste valable ! s'emporte Armstrong, attirant l'attention de la barmaid.

— Hé, mais vous êtes les gars qui cherchent le Zodiac ! s'exclame-t-elle en direction de l'inspecteur Toschi. *Bullitt* ! C'est vrai que Steve McQueen vous a copié ?

L'enquêteur allume une cigarette, recrache la fumée qui rejoint un nuage flottant sous le plafond, et demande calmement :

— Il porte un nœud papillon, Bullit ?

— Non, mais le holster comme vous, à l'envers ! rétorque Dolores en pointant du doigt l'arme du policier, avant de se pencher sur le comptoir et d'ajouter : Dites-moi inspecteur, le Zod, il a tué un autre taxi à ce qui paraît ?

Charles Jarman, vingt-huit ans. Lui aussi abattu d'une balle dans la tête, à quelques blocs de l'endroit où a été tué Paul Stine. Un taxi jaune, assassiné pour trente-cinq dollars. L'enquête a conclu que ce n'était pas le Zodiac. Mais des crimes non résolus depuis le début de l'année et qui pourraient être son œuvre, on en dénombre des dizaines. Le mois dernier, c'était une jeune mère célibataire qui jurait avoir été enlevée par le tueur. Il aurait menacé de jeter son bébé par la fenêtre de la voiture.

— *J'espère que vous aimez jouer à deviner qui j'ai tué*. C'est plutôt lui qui joue avec nos nerfs !

La solution aux cauchemars des enquêteurs du SFPD, du FBI et des juridictions de comtés, est contenue dans ce nouveau code de treize symboles. La fin du climat de terreur qui règne dans la moitié d'un État américain repose sur la capacité des autorités et de tous les citoyens de bonne volonté à résoudre ce problème.

— Oui, je confirme, Dolores, conclut Bill, qui repose son verre vidé jusqu'à la dernière goutte. C'est vraiment un chiffre à la con !

Vietnam

20 juin 1970

Dwight est déjà là, installé à une table au fond de la salle, entre les toilettes et le comptoir. Mel ne l'a pas vu en arrivant, cela fait cinq minutes qu'elle attend à l'extérieur. Ce n'est que lorsqu'elle se résigne à entrer dans le café qu'elle remarque la présence de son ami.

Elle ne l'aurait probablement jamais reconnu s'ils ne s'étaient donné rendez-vous. La coupe afro que Dwight exhibait fièrement l'été dernier a laissé place à un crâne rasé de près. Le visage poupon du jeune homme n'est plus qu'un masque aux traits émaciés.

Elle ne l'a plus revu depuis leur *road trip*. Après Woodstock, elle avait commencé des études de sciences sociales à l'université de San Francisco, tandis que Dwight rejoignait l'affaire familiale sur Springs Road, dans leur ville natale, à Vallejo. Ses parents y ont ouvert un drugstore. Mais, seulement deux ou trois mois après avoir rejoint le magasin, le jeune homme a été appelé au front. Le Vietnam, qu'il redoutait tant.

Ni Brad, qui étudiait la finance à Berkeley, ni Busty, qui avait arrêté l'école, n'ont eu de nouvelles de leur ami. Ils s'étaient pourtant quittés, au retour de New York, en se promettant amitié fraternelle jusqu'à la fin des temps.

Aujourd'hui, la posture de Dwight est celle d'un sphinx, stoïque face à l'agitation du café en ce début de vendredi soir.

— Salut ! lance Mel, l'interrompant dans sa méditation.

Elle se sent sotte de n'être pas plus inspirée pour les retrouvailles avec son ami qu'elle n'a pas revu depuis un an. Mais que devrait-elle lui dire ? « Salut, beau gosse », comme à l'époque ? Ça ne serait pas sincère. Son regard lui rappelle ceux qu'elle croisait quand elle allait à la rencontre des sans-abri du Mission District, après ses cours.

Ce que Dwight aimerait qu'elle ressente au fond d'elle-même, c'est un début de sentiment de culpabilité. Il sait qu'elle n'est pas vraiment responsable. Mais il n'empêche qu'il revient de six mois passés au front à défendre la liberté de Brad, Greta, Busty…

Il n'a qu'une envie, c'est de renverser cette putain de table en contreplaqué maquillée en rêve américain. Depuis qu'il est rentré, il attend ce moment où il pourra balancer sa souffrance à la face de son amie. À son amie d'enfance, qui n'a jamais répondu à ses courriers parce qu'elle avait sûrement mieux à faire.

Mel n'a pas attendu la réponse de Dwight – un soupir crispé – pour s'asseoir face à lui. Elle a mis la veste en jean qu'ils avaient chinée ensemble dans une friperie sur Haight Street. Le pan gauche de la tenue est recouvert de badges plus ou moins contestataires. Cet accoutrement rappelle à Dwight les uniformes tapissés de médailles qui habillent les gradés. Ceux dont les seules traces de boue sur les bottes sont dues à une chaussée mal entretenue après une grosse averse du côté du Theater District, pense Dwight, amer.

Disséminés comme des champignons qui n'ont plus rien d'hallucinogènes, ils scandent les slogans de causes plus ou moins louables. Entre un badge « Love Revolution » et un autre « Melville eats blubber », elle avait accroché celui que Dwight lui avait donné dans un excès d'optimisme au milieu d'un concert de Sly and the Family Stone à Woodstock : « NO DRAFT NO WAR ». Conneries, ces disques de ferraille. Il le sait maintenant, lui qui a fait face à la nécessité du devoir, et à l'obligation de la loi. Celle édictée par un gouvernement qui fait fi de lui et de ceux qui lui ressemblent.

Comme pour se justifier de ne pas lui avoir répondu, Mel a apporté les lettres de son ami, dans leur enveloppe encore scellée. Des lettres qu'elle n'a jamais eu le courage d'ouvrir. Elle ne sait pas expliquer à Dwight pourquoi. La culpabilité, la peur d'apprendre qu'il souffrait ? Elle craignait peut-être de se sentir obligée. Obligée de répondre à contrecœur pour alléger le fardeau de son ami.

— Et sinon… tu écoutes toujours les Doors ? lui demande Dwight après quelques politesses entrecoupées de silences.

— Oui… Carrément, oui !

Mel est soulagée. Elle ne se sent pas la force d'affronter une discussion dans laquelle elle aurait le mauvais rôle. Mais rapidement s'invite dans la discussion le récit de l'engagement militaire de Dwight au Vietnam, avorté pour raison médicale. Elle écoute son ami qui ne ménage aucun suspense, au point que son discours finit par ressembler à tous ceux qui dénoncent les atrocités de la guerre. Ce n'est pas un homme forgé par le sens du devoir et du courage qui se trouve face à elle. C'est plutôt un garçon dont les rêves ont été broyés.

— On se casse de là, Mel ?

— Oui, c'est glauque ici… on va au Turbie's ?

— On se casse de la Baie. L'Alaska… C'est bien, l'Alaska, non ?

— C'est ta glace qui te monte au cerveau ? Arrête de déconner… Dwight !

— Je suis sérieux !

— Je… je ne peux pas ! Je rentre en deuxième année et… Dwight, putain !

Mel fond en larmes. D'habitude, c'était elle qui poussait les autres dans leurs retranchements. Elle se sent prise au piège de son propre jeu. Dwight prend ses deux mains dans les siennes, soucieux de réconforter son amie. Sa question, radicale, avait eu l'effet d'un ultimatum. Le choix entre un idéal incertain et un présent matériel si réconfortant.

La pression qu'exerce Dwight sur les doigts de son amie se détend, puis il la relâche. Sans un mot, il se lève et quitte la table à laquelle ils ne se seront pas dit adieu. Ici, leurs chemins se sont séparés.

Le mont Diablo

26 juin 1970

Ici le Zodiac qui vous parle.
Je suis très en colère contre les habitants de la baie de San Francisco. Ils n'ont pas respecté mon souhait de leur faire porter de jolis badges. ⊕ J'ai promis de les punir s'ils ne le faisaient pas, en anilisant [sic] un bus scolaire complet. Mais maintenant que l'école est finie pour l'été, je les ai punis d'une autre manière. J'ai tiré sur un homme assis dans une voiture garée avec un 38.

SFPD-0 ⊕-12

— Douze victimes, le compte est bon, non ?

— Tu penses qu'il va s'arrêter là ?

— On peut l'espérer, ça fait autant d'« esclaves » que de signes du Zodiac, avec un peu de chance, il...

— Urizen ! les interrompt une voix d'adolescent.

— C'est qui lui, Bill ?

Le jeune homme qui se tient dans l'encadrement de la porte affiche un sourire insolent. Vêtu d'un jean à pattes d'éléphant et d'une chemise à fleurs, il n'a pas vraiment l'allure d'un flic.

— Connais pas, répond Armstrong en levant les épaules.

— Les douze fils d'Urizen, William Blake ! Désolé de débarquer comme ça, *my name is* Kyle Catterfeld. Je suis arrivé au courrier ce matin, je fais le tour de l'étage pour me présenter. Ah, le fameux bureau 450 des homicides ! Alors c'est ici que…

— C'est ici qu'on frappe avant d'entrer !

Le jeune homme ne se démonte pas et franchit le seuil de la porte sans y avoir été invité, en déballant sa théorie. William Blake, poète anglais du XVIIIe siècle, incompris de son époque, connaissait ces temps-ci un regain d'intérêt dans certains cercles hippies. Kyle s'y incrustait parfois pour parler poésie et ouvrir *les portes de sa perception*.

— La vie après la mort, les esclaves au paradis, l'astrologie… Votre gars m'a l'air bien porté sur la mythologie !

D'après lui, dans celle de Blake, le personnage d'Urizen est une allégorie de la raison, qui parfois enferme les hommes dans son orthodoxie et les réprime, jusqu'à annihiler leur désir sexuel. À l'opposé de Los, qui incarne l'imagination, et les délivre. À la chute du royaume d'Urizen, ses douze fils, un pour chaque signe du zodiaque, se sont retrouvés esclaves des lois créées par leur propre père et ont subi la torture en enfer.

— OK… euh, Kyle, c'est ça ton nom ? C'est sympa de vouloir aider, mais on a du boulot…

Des théories sur l'inspiration du Zodiac, les inspecteurs en ont vu des dizaines. Ce qu'ils veulent, c'est du tangible et s'assurer que le tueur mette un terme à son décompte d'esclaves qu'il collecte sans raison, comme un passe-temps sordide.

Dans le courrier qu'ils ont reçu aujourd'hui, il décrit la nouvelle méthode qu'il a trouvée pour tuer l'ennui :

abattre un innocent en stationnement dans sa voiture, avec un calibre 38.

— Dave, il joue à nous faire peur !

— Merci pour le scoop, Bill.

— Non, je veux dire qu'il ment ! Regarde ça.

Bill tend à son collègue un exemplaire de l'*Examiner*. En une, le journal fait mention de l'exécution sommaire de Richard Radetich, vingt-cinq ans. Un collègue. L'agent de police a été abattu avec un 38 dans sa voiture pendant qu'il dressait un PV. Alertés par les passants en panique, des policiers l'ont retrouvé inanimé, tenant encore sa radio dans la main. L'homme laisse derrière lui une veuve et un bébé de huit mois.

Les soupçons se sont d'abord portés sur un groupe de défense des droits civiques, particulièrement surveillés depuis l'attaque à l'explosif de l'antenne du SFPD. Mais ce que savent Armstrong et Toschi, et que semble ignorer le Zodiac, c'est que le meurtre de Radetich a un nouveau suspect principal, Joe Wesley Johnson, un fugitif alors activement recherché pour cet assassinat. Par ailleurs, il s'agit du seul meurtre d'un homme dans sa voiture, avec un 38. Autrement dit…

— Le Zodiac revendique un crime qu'il n'a pas commis ! Il a repris l'information dans le journal !

Pour la première fois depuis des semaines, les inspecteurs de l'Homicide Detail ressentent quelque chose qui ressemble à du soulagement. Cela veut dire qu'il n'a pas autant d'avance qu'il veut le leur faire croire. Son décompte de victimes est bidon !

Une carte accompagne la lettre. C'est une carte routière Philips 66, le genre que l'on trouve facilement dans n'importe quelle station-service. Le tueur a dessiné un cadran numéroté sur le mont Diablo, à soixante kilomètres de San Francisco. Le symbole ressemble étrangement à la signature du Zodiac, dont l'un des traits termine en pointe de flèche. À proximité de la flèche du cadran, on peut lire la mention manuscrite : « À régler sur le N. Mag. » La suite de la lettre en indique l'utilité :

> *La carte associée à ce code vous indiquera où se trouve la bombe. Vous avez jusqu'à l'automne prochain pour la déterrer.*

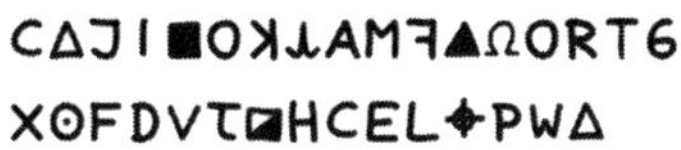

Une chasse au trésor macabre, alors que les vacances d'été offraient enfin un peu de répit aux forces de l'ordre et aux enquêteurs, qui n'ont toujours pas localisé l'engin de mort.

Ce code est le quatrième en moins d'un an. Les deux précédents n'ont toujours pas été craqués. Ni celui qui fait suite à l'émission de Dunbar, ni celui dans lequel il donne son nom. Mais, contrairement aux précédents, la résolution de ce dernier est une question de vie, ou de mort.

Silver Lake

15 juillet 1970

Le cœur léger, Donna lance sa Camaro sur la State Route 88 qui traverse la Californie jusqu'au Nevada. Elle laisse derrière elle San Francisco et la révolution Flower Power pour s'enfoncer dans les terres arides de l'État, en ce mois de juillet 1970. Elle a bien dû rouler cent cinquante kilomètres avant que le poids qu'elle avait dans la poitrine s'évapore enfin. Et avec lui, la brume de San Francisco.

Elle a pris la route en fin de matinée, espérant que les températures n'auraient pas le temps de grimper au point qu'un trajet de trois heures en voiture devienne trop pénible. Au mois de juillet, il fait bien trente degrés à l'ombre. Mais d'ombre, il n'en est pas question pour Donna, qui a eu la bonne idée de décapoter son cabriolet pour mieux profiter de la vue.

Le ciel d'un bleu délavé par la luminosité intense du soleil californien annonce des lendemains meilleurs. Elle redécouvre enfin des paysages qui lui rappellent son enfance à Beresford, dans le Dakota du Sud. La faune et la flore des deux États n'ont pas grand-chose en commun, mais elle est soulagée de retrouver un environnement où la main de l'homme n'a pas encore défiguré la Nature et sa beauté sauvage.

Alors que le rugissement de son moteur brise le chant des cigales, Donna contemple les pins qui tapissent les flancs des collines, parsemés çà et là de chênes et d'érables. Elle roule beaucoup trop vite pour apercevoir un écureuil ou un coyote, mais elle aura tout le temps de le faire une fois arrivée.

Elle n'a pas emprunté la route la plus rapide à dessein, et a préféré la sinueuse et champêtre Carson Pass à l'autoroute US50 qui lui aurait fait gagner du temps. Le temps… elle ne demande justement qu'à en perdre dans sa nouvelle vie. La tumultueuse San Francisco ne lui en a laissé que trop rarement l'occasion, et c'est une des raisons pour lesquelles elle la quitte définitivement. Un long soupir accompagne cette pensée rassurante, comme pour marquer le dernier souffle d'une vie à laquelle elle n'aspire plus.

Donna quitte la route principale pour emprunter une piste dont la poussière brunâtre se soulève au passage du cabriolet. Au bout de quelques mètres, elle atteint enfin un point de passage qu'elle avait repéré sur la carte : Silver Lake.

Ce nom avait évoqué chez Donna les souvenirs du lac qui enchantait ses rêves de jeune fille, et il s'était imposé comme un passage obligé. Son livre de chevet faisait l'éloge d'un lac homonyme du Dakota du Sud, qui, sous la plume de Laura Ingalls, étincelait au soleil couchant, tel un miroir dont seul l'envol des canards fendait le reflet argenté.

The Mikado

26 juillet 1970

Le Zodiac n'a pas besoin de commettre des meurtres pour prendre plaisir à en revendiquer, pensent les inspecteurs. Cette espèce d'euphorie que suscite chez lui l'idée du châtiment capital, il l'exprime dans un nouveau courrier, un mois après avoir envoyé le code qui indique l'emplacement de sa bombe, au cœur de l'été :

> *Je vais (en plus de tout le reste) torturer les treize esclaves qui m'attendent au Paradis. J'attacherai certains d'entre eux à des fourmilières et je les regarderai crier, se tordre et se tortiller. D'autres se verront enfoncer des échardes de pin sous les ongles, puis brûler. D'autres seront placés dans des cages et nourris de bœuf salé jusqu'à ce qu'ils soient gavés, puis je les écouterai me supplier de leur donner de l'eau et je me moquerai d'eux.*

Le paradis cher au Zodiac a des allures d'*Enfer* de Dante. Et le tueur confirme qu'il ne compte pas s'arrêter à douze victimes. La page suivante poursuit, prenant un étonnant ton sarcastique :

> *Car un jour, il se peut qu'il faille trouver une victime.*
> *J'ai une petite liste. J'ai une petite liste,*

Des délinquants sociaux qui pourraient bien être clandestins,
Qui ne manqueraient jamais, qui ne manqueraient jamais [...]

— Mikado ? l'interrompt Dave.

— Pas le temps...

— Fais voir ! Bon sang, Bill.

Dave arrache le papier des mains de son partenaire. Son regard parcourt frénétiquement les mots qui s'enchaînent, comme sur une partition de musique. Il commence à lire la lettre en fredonnant une mélodie sautillante :

Il y a le seranader (sic) de banjo et les autres de sa race
et l'orginaste (sic) de piano, je l'ai mis sur la liste.
Tous les gens qui mangent de la menthe poivrée
et vous la souflont (sic) dans la figure,
ils ne manqueraient jamais – Ils ne manqueraient jamais.

— Qu'est-ce que tu fous ?

— *The Mikado*, la comédie musicale, Bill. Ce sont les paroles de *As Some Day It May Happen*. Le Zodiac se prend pour Ko-Ko !?

L'opérette mettait en scène dans un cadre nippon stéréotypé les tribulations d'un jeune tailleur, Ko-Ko, condamné à mort pour badinage. L'empereur vient d'instaurer une nouvelle loi qui rend le crime passible du châtiment capital. Les couples illégitimes doivent être exécutés.

— Comme les gamins tués par le Zodiac ! s'exclame Bill.

— Bingo. Notre gars connaît ses classiques... et il n'a pas perdu son sens de l'humour.

Dans la pièce, les irrévérencieux habitants du village Titipu décident de nommer Ko-Ko Haut Bourreau, ce qui a pour effet immédiat de suspendre les exécutions : il devrait se trancher la tête avant celle des autres ! C'est une œuvre satirique majeure de l'ère victorienne, et il n'est pas impossible que Jack l'Éventreur lui-même ait assisté aux premières représentations…

— Qui va encore voir les comédies musicales ? Tout le monde dit que Broadway est mort ! Vive le rock'n'roll !

— Détrompe-toi, *Hair* en est à son douzième mois de représentation en centre-ville !

— C'est rock, *Hair*, non ?

— C'est une comédie musicale… rock.

Dave n'a pas envie de débattre culture. Il est concentré. Il relit la lettre, plusieurs fois, espérant y dénicher un indice. Il se répète les premiers mots en boucle, lentement :

Car un jour, il se peut qu'il faille trouver une victime. […]
J'ai une petite liste. J'ai une petite liste…

Le Zodiac a rempli une page entière des paroles qui égrènent une liste de cibles plus absurdes les unes que les autres. Mais ce qui inquiète Toschi, c'est que le tueur ne semble pas près de vouloir s'arrêter, et que ses motivations sont délirantes. Cette affaire ne ressemble à aucune des autres qu'il a connues.

Puis les pensées de l'inspecteur se dissipent, quand le bas de la page accroche enfin son attention. Un post-scriptum rappelle aux enquêteurs que le compte à rebours continue de tourner :

P-S : le mont Diablo est en référence aux Radians et aux Inches.

Été 1970

30 août 1970

Comme pour les autorités qui tentent de craquer la localisation de la bombe, les vacances d'été 1970 sont passées trop vite pour Billy Mancini. Allongé sur l'herbe, il contemple le ciel étoilé. Et dans sa tête, résonnent encore les mots de Neil Armstrong :

> *C'est un petit pas pour un homme, mais un bond de géant pour l'humanité.*

Quelques secondes avant le premier pas de l'Homme sur la Lune, cette déclaration envoyée depuis l'espace a grésillé sur les télévisions de millions de foyers américains et partout dans le monde. Ce message, tournant en boucle dans sa tête, rappelle à Billy l'exploit formidable que représente le fait d'avoir marché sur la Lune. Cet événement l'a fasciné. La mission Apollo-11 a réussi son pari en juillet de l'année dernière, et son succès a été retransmis en direct. Depuis, une génération entière se prend à rêver de conquête spatiale. Billy aussi.

L'immensité du cosmos, ses planètes, ses étoiles et ses galaxies deviennent l'objet d'observation de milliers d'amateurs qui, depuis leur chambre ou leur jardin, traquent à la visée de leur télescope tantôt Vénus, tantôt la Grande Ourse. Et les constellations du zodiaque.

Billy les connaît par cœur. C'est toujours ça d'appris, se dit-il en rêvant de devenir astronaute. Il reconnaît facilement le Capricorne, le Sagittaire et, plus à droite, le Scorpion. Il aime cette photographie qu'offre le ciel, car ce soir il peut voir la treizième constellation du zodiaque, sa préférée, négligée par les astrologues qui ne comptent que douze signes. Et pourtant elle existe, entre le Sagittaire et le Scorpion : Serpentaire.

C'est son vrai signe, lui qui est né un 30 novembre, il y a dix ans. Un signe volontairement ignoré par les astrologues pour préserver l'équilibre et l'harmonie de leur art. Cette discrétion lui va bien. Cela lui donne l'impression d'expliquer, en partie, pourquoi il se sent si différent.

Quand il ne sillonne pas le quartier sur son *banana bike*, Billy dévore les manuels d'astronomie à la bibliothèque municipale. La rentrée scolaire est dans deux jours, et avec elle la fin des guimauves grillées avec son oncle Freddy les soirs où il allumait un feu devant la cabane. Et puis, les Slurpees aussi, qu'il achetait sur le trajet du retour, et qui se liquéfiaient bien trop vite.

Pour Billy, le zodiaque inspire ses rêveries de voyages dans l'espace. Pour les forces de l'ordre, il est synonyme de retour en enfer : car la rentrée scolaire est arrivée, et le code de la bombe n'a toujours pas été craqué.

La disparition

6 septembre 1970

À l'extérieur de l'hôtel-casino Sahara Tahoe, la nuit n'est éclairée que par les néons des établissements de jeu qui font du Lake Tahoe l'une des trois destinations – avec Las Vegas et Reno – du Silver Triangle du Nevada, comme l'appellent les accros au jeu. Les montagnes californiennes, qui de l'autre côté de la frontière attirent les amateurs de sports d'hiver, sont à peine perceptibles en cette nuit de septembre, fondues sous un ciel sombre.

Mais ici, aux abords du casino flambant neuf, cette disposition scénique a laissé place aux façades verticales bétonnées, maquillées aux abords des trottoirs par de racoleuses et gigantesques enseignes lumineuses faisant la réclame de spectacles et divertissements grandioses.

Jo Ann, qui était hypnotisée par le clignotement des lettres rouges et or qui composent le mot SAHARA, tire une dernière bouffée de sa cigarette avant de l'éjecter d'une pichenette qui l'envoie directement dans le caniveau.

— Fais chier, Donna ! bougonne-t-elle en expirant la fumée par le nez, puis elle retourne à l'intérieur du bâtiment.

Elle y retrouve le comptoir du bar, installé sous une canopée aux motifs architecturaux évoquant des arches orientales. Bien que sa robe bordeaux échancrée se marie parfaitement aux tons chauds des murs et des tapis orientaux, la brune ne passe guère inaperçue dans ce décor des *Mille et Une Nuits* en carton-pâte.

— Un autre martini, Stuart ! lance-t-elle au barman, qui esquisse un sourire non dissimulé, flatté par cette familiarité inattendue.

Un coup d'œil sur sa montre lui indique 3 h 15 du matin, dans un cadran en or jaune à peine plus large qu'une alliance. Cela fait plus d'une heure qu'elle attend que Donna la retrouve dans le hall. Tout, en ces lieux, est pensé pour faire perdre la notion du temps aux joueurs, jusqu'au chant des sirènes. Les haut-parleurs diffusent quelques extraits du concert de Jane Morgan, qui se produit dans le renommé Sierra Theater de l'hôtel jusqu'au 15 septembre.

Jo Ann, contrairement à Donna, n'éprouve aucun plaisir dans les jeux d'argent, et l'attente lui semble durer une éternité. Ce qu'elle aime, c'est faire la fête, quitte à s'y perdre – depuis que son amie a quitté San Francisco, elle n'a plus de chaperon et cela lui a coûté quelques mésaventures qu'elle oublierait volontiers dans un dernier verre.

Elle a fait la route depuis San Francisco dans la nuit pour retrouver son amie qui termine son service à l'infirmerie de l'établissement sur les coups de 2 heures. De là, elles devront conduire ensemble jusqu'au nouvel appartement de Donna, où elle séjournera le temps du week-end du Labor Day. Aux États-Unis, ce jour férié tombe chaque premier lundi de septembre. Dans les esprits, il est associé à la fin de l'été, ou au début de l'automne, selon la sensibilité de chacun. Ce week-end est spécial, Jo Ann a une annonce à faire à son amie.

La surprise qu'elle a pour Donna est soigneusement empaquetée dans un papier cadeau aux motifs psychédéliques marron-orangé.

— Qu'est-ce que c'est ? demande le barman en lui servant son verre.

— Vous êtes prêt à mourir pour le découvrir, Stuart ?

— J'hésite.

Elle le trouve mignon.

— J'attends une amie qui travaille ici... Donna, vous la connaissez ?

— Hmm... Non, je ne vois pas, je ne connais pas toutes les gouvernantes...

— Elle est infirmière ! Une petite blonde.

— Ah, la nouvelle ?

— Oui c'est ça, c'est elle !

— Je ne la connais pas, mais je peux appeler l'infirmerie pour voir ce qu'il en est ?

— Oh oui ! Merci Stuart, minaude-t-elle.

— Je reviens tout de suite, dit-il du ton grave qui s'impose pour ce qui est devenu une mission, avant de s'éloigner pour disparaître derrière une porte de service.

La perspective que son attente arrive enfin à son terme redonne à Jo Ann un sursaut d'énergie qui la fait se trémousser sur son tabouret au son de *Heartbreak Hotel*. Les haut-parleurs du bar crachent à présent les tubes d'Elvis Presley. Rien de tel pour se déhancher ! Et même si Donna ne jure que par ces petits Anglais... les Beatles !

— Elle est partie.

Interrompue dans sa transe rock'n'roll, Jo Ann rouvre les yeux, qui s'écarquillent aussitôt de surprise.

— Comment ça, elle est partie ?!

— En tout cas elle n'est pas là. Elle a dû partir, sa collègue ne l'a pas recroisée depuis qu'elle a fini son service.

— C'est une blague ?

— Je crois bien que non... Stuart est sincèrement désolé. Elle a peut-être oublié..., tente-t-il pour rassurer Jo Ann, qui le coupe.

— Enfin, comment Donna, qui planifie toujours tout, peut m'oublier dans ce trou, à 3 heures du matin, alors qu'on s'est parlé vendredi au téléphone ?!

Jo Ann est partagée entre exaspération et incrédulité.

— Elle a peut-être un rencard ? ose Stuart, que Jo Ann foudroie immédiatement du regard.

— Ah oui tiens, et avec qui ?

— Je ne sais pas, je n'en sais rien. Il y a ce type...

— Quel type ? l'interrompt-elle dans un mélange d'impatience et de curiosité.

— Un gars qui est arrivé ici plus ou moins au même moment. Il me semble qu'elle l'intéressait, vu comme il lui tournait autour ces derniers jours.

Donna qui plante son amie pour un pauvre « type », c'est impensable.

— Je reviendrai demain. Il y a un motel dans le coin ?

— Oui, à deux blocs d'ici, il s'appelle Sahara aussi. Je finis mon service dans quinze minutes, je vous dépose ?

— Une autre fois, Stuart !

Jo Ann pivote sur son tabouret qu'elle quitte dans un élégant sursaut, puis défile entre les machines à sous jusqu'à la sortie. Se délestant dans une poubelle du cadeau qu'elle avait prévu pour son amie, elle allume une dernière cigarette.

— J'espère que tu as une bonne raison de disparaître, Donna.

Rentrée scolaire

8 septembre 1970

Escorté par une voiture du shérif de Lake County, le bus 91120 emprunte Circus Drive, dans un virage qui fait grincer sa carrosserie rouillée. À l'extérieur, les hélicoptères de police et des chaînes de télévision quadrillent le ciel. Le convoi roule à une allure plus lente qu'à l'accoutumée, mais le chauffeur, un certain Ernesto, a reçu l'instruction de rester sur le qui-vive et de se tenir prêt à appuyer sur l'accélérateur en cas de nécessité. Car la menace d'une embuscade imminente est réelle.

La tension à bord n'est pas seulement palpable. Elle étouffe. Le front ruisselant sous sa casquette, l'adjoint au shérif s'agrippe à son fusil à pompe. Armé et prêt à faire feu. Quand, soudain, le bus fait une embardée pour s'écarter et laisser filer un cortège de trois voitures de police lancées à vive allure toutes sirènes hurlantes.

Ce n'est pas seulement une ville, mais la moitié de la Californie, qui est en état de siège. Agrippé à la banquette en skaï du bus sous haute protection, Billy éprouve un sentiment de culpabilité. Il n'y a que les prisonniers, a-t-il vu à la télévision, qui sont transférés avec un tel niveau de sécurité.

Le convoi ralentit, puis le bus d'écoliers jaune et noir marque un arrêt au coin de Mapple et de Oak Street. C'est ici que monte Ginny Oswald. Ses parents ont quitté le comté de Marina Bay pour s'installer à Sonoma après que la crise du crédit de 1966 a fini par ruiner l'affaire familiale. Pour sa première journée de classe, sa mère l'a habillée d'une jupe plissée et d'un chemisier en coton, comme pour perpétuer les conventions d'une école privée dans laquelle elle n'ira plus.

À la manière d'une Jackie Kennedy, dont elle imite les codes vestimentaires, la maman salue sa fille qui défile entre les rangées de sièges. Ses petites ballerines italiennes font quelques pas hésitants dans le couloir du bus. À travers les vitres désormais grillagées, elle ne quitte pas sa mère du regard, laquelle n'arrive guère à contenir son émotion et masquer son inquiétude. D'ailleurs, à chaque arrêt, panique et impuissance sont palpables dans les regards des parents qui accompagnent leurs enfants jusqu'au bus.

À mi-chemin de l'allée centrale, Ginny remarque que ses camarades l'observent. Spontanément, elle se raidit et relève le menton, comme on lui a appris en cours de danse. À la grande satisfaction de sa maman qui ne la quitte pas des yeux.

Billy observe la petite rousse avec beaucoup de curiosité. Dans cette ambiance étrange, elle semble au moins aussi impressionnée que lui. Sa tenue et ses cheveux lisses parfaitement en place sous un bandeau de soie lui donnent l'air d'une grande personne. La terreur qui le hantait jusque-là laisse place à un sentiment étrange lorsqu'elle s'assoit à la seule place disponible. À côté de lui.

Billy sursaute lorsque la sirène de police hurle de nouveau et que le convoi se remet en marche. Rapidement, le jeune garçon se reprend, feignant l'indifférence.

— Je m'appelle Billy, entreprend-il en balançant ses pieds qui effleurent tout juste le sol.

Il ne reçoit pour réponse qu'un regard du coin de l'œil, alors que Ginny se redresse sur son siège. Peut-être qu'il l'embête ? Cette pensée lui fait ravaler sa salive.

— Ne t'inquiète pas, il ne va rien nous arriver, fait-il mine de savoir, reproduisant l'attitude de son oncle Freddy quand lui-même fait un cauchemar.

— Ah bon, et qu'est-ce que tu en sais ? Si tu arrêtais de me parler, on serait plus en sécurité ! finit par lâcher Ginny, sans le regarder.

Billy reste perplexe quelques secondes.

— Mon père m'a dit que le tueur ne faisait de mal qu'aux filles qui parlent aux garçons, finit-elle par lui expliquer.

— Eh bien, mon oncle, il dit que c'est une invention du gouvernement…

L'oncle Freddy a souvent des théories farfelues, mais celle-ci a l'avantage de réconforter Billy. Même s'il ne comprend pas tout quand Freddy parle de mensonges d'État et de grands secrets du gouvernement, ça le rassure.

— Il est toc-toc, ton tonton ? lui lâche-t-elle en tapotant de l'index sur sa tempe, ce qui les fait éclater de rire. Je m'appelle Ginny, enchantée, Billy.

Pour la première fois, le garçon fait l'expérience agréable du temps qui s'allonge. Cette illusion *a posteriori* que nous procurent nos souvenirs les plus marquants. C'est une expérience assez rare pour le jeune garçon, que celle de nouer de nouvelles amitiés. Il se voit déjà lui montrer ses bandes dessinées et les vignettes qu'il… Soudain, une explosion assourdissante retentit et le véhicule chancelle brusquement. Un coup de feu !

Le bus fait une embardée brutale, plaquant comme des poupées de chiffon les écoliers contre sa paroi. Les deux mains empoignant fermement le volant, le chauffeur tente de maîtriser le véhicule qui bascule dangereusement, risquant de faire un tonneau. L'adjoint du shérif, projeté au sol, se relève et s'empare de son fusil qui a atterri à deux mètres de lui. Ses pensées se bousculent. « C'est maintenant ! » lui hurle son cœur qui s'emballe sous la décharge d'adrénaline. L'heure du devoir. Protéger et servir.

Contrairement aux instructions des autorités qui indiquent de continuer à rouler le plus rapidement possible, klaxon à fond, le bus freine brusquement dans un crissement qui laisse des marques noires sur la chaussée défoncée.

— Tout va bien ! Tout va bien ! Restez à vos places ! hurle le chauffeur, alors que le policier se précipite vers lui, prêt à s'engager dans une fusillade sans merci.

Un des pneus du véhicule vient d'éclater après le passage sur un nid-de-poule, manquant de renverser le bus, avec ses écoliers à bord. Les hurlements et les pleurs couvrent à présent les cris des sirènes. Les enfants les plus âgés tentent de consoler les plus jeunes.

Ginny, qui s'est écrasée contre Billy, retrouve son siège, reconnaissante que le jeune garçon ait malgré lui amorti sa chute.

— Désolée…

Le garçon reste muet. Son corps frêle a subi un choc, mais il ne sent pas la douleur. Pas encore. Le regard malicieux du petit garçon en culotte courte a laissé place à deux petits ronds marron que la joie de vivre a quittés. Il vient de faire pipi.

Monte Verdi

19 septembre 1970

— Allô ?

Au bout du fil, une voix métallique.

— Donna, l'infirmière… Elle ne peut pas venir travailler ce soir.

En ce lundi matin, c'est Jasmine qui tient le standard de l'hôtel Sahara Tahoe. Elle connaît Donna, la nouvelle infirmière. Elle jette un coup d'œil au tableau de service. Effectivement, elle doit reprendre son service à 15 heures.

— Excusez-moi monsieur, vous êtes ?

— Elle ne viendra pas, je vous dis.

— Elle va bien ? demande Jasmine désemparée et un peu inquiète.

— Oui, ça va, ça va… Écoutez, elle a eu un problème, son père ne va pas bien. Elle doit s'absenter.

— D'accord… je… j'en informerai son superviseur… vous êtes monsieur ?

Tut, tut, tut. La ligne a été coupée.

Après cet appel passé par un inconnu au Sahara Tahoe, personne n'a revu Donna. Jo Ann n'a plus reçu de nouvelles de son amie qu'elle avait attendue une soirée entière.

La jeune femme n'a plus donné signe de vie depuis le week-end du Labor Day. Inquiète, sa famille a réussi à mobiliser la police locale pour la retrouver. Rapidement, les forces de l'ordre soupçonnent un acte criminel. La jeune femme a la réputation d'être sérieuse. Elle laisse un compte bancaire approvisionné et une voiture payée comptant.

Étrangement, celle-ci est encore garée sur le parking de la résidence où elle habite, un appartement de la résidence Monte Verdi, 3893 Pioneer Trail Road. La dernière fois que l'infirmière a été aperçue, c'était à son travail. A-t-elle fait le trajet à pied le matin en quittant son domicile ?

À l'intérieur du petit appartement règne une atmosphère paisible. Malgré ses proportions réduites, ce logement laisse une impression de vide immense. L'entrée fait arriver directement dans un salon parfaitement rangé, mais à la décoration dépouillée. Face au vieux canapé accolé à l'entrée, une commode en bois supporte une petite télévision à peine plus grande qu'une boîte à chaussures.

L'habitation, une location meublée au confort spartiate, devait être un lieu de passage pour quelques mois avant que Donna ne s'envole pour Paris. Elle se satisfait de peu, elle qui préfère économiser pour réaliser son rêve d'Europe.

Aucune trace ne semble indiquer une dispute qui aurait mal tourné, ou un enlèvement brutal. La table basse carrée est alignée avec le tapis et les autres pièces de mobilier, dans une harmonie géométrique parfaite. On se croirait dans un appartement témoin.

La cuisine, ouverte sur l'espace de vie, est immaculée. Pas de verres ni de couverts abandonnés dans l'évier, qui auraient permis de savoir si Donna a reçu une visite avant de disparaître dans la nature.

Lorsque le ronronnement du réfrigérateur se met en pause, la scène plonge dans un silence glacial. Le peu de vie qui avait pu habiter chaque objet de la pièce semble s'évanouir. L'officier qui inspecte l'appartement se trouve à présent à l'entrée de la chambre.

Il prend une longue inspiration et pousse la porte mi-close, pénétrant ainsi dans une pièce qui lui en apprendra peut-être un peu plus sur la jeune disparue. Sur le lit parfaitement fait, une pile de vêtements a empli la petite pièce d'un léger parfum de lessive. La lumière de la salle de bains attenante est allumée. L'espoir revient.

— Il y a quelqu'un ? C'est la police !

Aucune réponse. L'officier fait quelques pas vers la salle d'eau, prêt à dégainer son revolver.

— Mademoiselle Lass ?

Il pousse la porte de sa main gauche. La pièce immaculée est vide. Quelqu'un a oublié d'éteindre la lumière, qui est restée allumée. Pendant plusieurs jours, probablement.

L'appartement est finalement entièrement inspecté, et Donna n'y est pas. Ses effets personnels, inertes et muets, ne livrent aucun indice.

En repassant devant la table de chevet de l'infirmière, l'officier s'arrête un instant, intrigué. Il penche la tête pour lire le titre du livre qu'elle a laissé derrière elle. L'illustration représente une jeune fille de dos, les cheveux tressés dans le vent. Elle contemple un lac et son horizon où disparaît un soleil rougeoyant, théâtre de l'envol des canards entamant leur migration. *By the Shores of Silver Lake*, par Laura Ingalls Wilder.

Personne n'a revu Donna depuis trois semaines, et bientôt, le *San Francisco Chronicle* révélera l'affaire au public :

« Une infirmière disparaît… Mystère au Lake Tahoe. »

The Pines Card

22 mars 1971

La rentrée scolaire de 1970 s'est déroulée sans qu'aucune attaque ait eu lieu contre un bus scolaire. À défaut de faire des morts dans les rangs d'écoliers, le Zodiac a traumatisé une génération d'enfants, victimes collatérales de la guerre psychologique que le *serial killer* entretenait avec les forces de l'ordre.

Après l'incident sur la route de l'école, Billy ne s'est pas présenté en cours pendant quelques semaines. Le garçon qui revint n'avait plus grand-chose à voir avec celui qu'il avait été. Son entrain et son rire communicatifs avaient laissé place à une mystérieuse réserve.

Ginny ne lui a finalement jamais dit qu'elle l'avait trouvé gentil. Ils n'ont partagé aucun rire lors de jeux de récréation. Ni bande dessinée ni vignette. La frayeur avait détourné soudainement le cours d'une enfance heureuse.

Pour les autres écoliers, à une époque où l'éducation se faisait aussi par la peur, le Zodiac est devenu une sorte de croque-mitaine. Et la vie a repris son cours. Le dispositif mis en place a été allégé, et les trajets des écoliers ont retrouvé un semblant d'insouciance.

Personne ne savait quand le tueur frapperait de nouveau. Il ne mentionna plus jamais cette menace dans ses courriers suivants, comme si, repu de la terreur qu'il avait répandue pendant des mois, il était passé à autre chose.

Il continua en revanche ses correspondances, tantôt une carte postale, tantôt une lettre, ou une carte de vœux humoristique détournée en message macabre. Et comme d'habitude, il y narguait les autorités et leur impuissance, par exemple dans ce courrier du 13 mars au *Los Angeles Times* :

> *Ici le Zodiac qui vous parle*
> *Comme je l'ai toujours dit, je suis impénétrable.*
> *Si les Méchants Bleus veulent m'attraper, ils feraient mieux de lever leur gros cul et faire quelque chose. Parce que plus ils passeront de temps à se tripoter et à péter, plus je collectionnerai d'esclaves pour ma vie après la mort.*

Le Zodiac s'enorgueillissait en envoyant aux autorités le décompte de ses victimes, sans qu'on réussisse à faire le lien entre ses revendications et des affaires réelles, enquêtes ouvertes ou meurtres encore non identifiés…

Le 22 mars 1971, le *San Francisco Chronicle* allait recevoir une dernière communication du Zodiac avant qu'il ne disparaisse dans la nature pour quelques années : une carte postale qui fait référence au Lake Tahoe, un lac à la frontière entre la Californie et le Nevada.

> *Les enquêteurs pensent que la victime pourrait être Donna Lass, vingt-cinq ans, une jolie infirmière qui a disparu de South Lake Tahoe en septembre.*

Sept mois après la disparition de Donna, la famille avait enfin une piste, quasiment une revendication.

Cette carte postale n'en était pas vraiment une. Du moins, pas l'une de celles que l'on trouve dans le commerce. Elle avait été conçue minutieusement par le tueur, à partir d'un prospectus pour un projet immobilier aux abords du Lake Tahoe. Il avait d'abord prédécoupé dans la brochure une gravure d'habitations dans la neige, au milieu des pins. Par-dessus, il avait disposé des bribes de phrases glanées et découpées dans les pages de la publicité, à la manière d'une lettre de corbeau.

La carte avait été perforée dans le coin supérieur droit. On reconnut l'auteur grâce à sa signature apposée dans le coin inférieur droit : une cible. Les enquêteurs tentèrent de déchiffrer le message, espérant y trouver un sens qui aiderait à retrouver Donna. Sans jamais y parvenir.

Surnommée la Pines Card, cette missive cryptique du Zodiac est la seule qui lie le tueur en série à la disparition de l'infirmière du Lake Tahoe. Et, bien que son authenticité ait été établie par les experts du Department of Justice de Californie, comme son décodage connaissait des échecs récurrents, le lien entre les deux affaires finit par être mis en doute par les enquêteurs au fil du temps. Quant à Donna, elle disparut pour toujours.

II

Time capsule

17 décembre 2020

Cinquante ans après, le message du Zodiac Killer enfin décrypté.

La nouvelle a fait le tour du monde. Quinze années de recherche ont permis à une équipe internationale de craquer le code baptisé Z340 – 340 comme le nombre de symboles qui le composent, et un Z qui veut dire Zodiac – envoyé par le *serial killer* après la rencontre manquée avec Melvin Belli. Un mathématicien australien et deux programmeurs, belge et américain, ont réussi à révéler le message qu'il renfermait. Un seul autre code du tueur a été décrypté jusque-là, en 1969, par un couple de cryptographes amateurs, les Harden. Les trois autres sont restés inviolés depuis un demi-siècle. Celui qui vient d'être décrypté est le deuxième.

J'ESPÈRE QUE VOUS VOUS AMUSEZ BIEN À ESSAYER DE M'ATTRAPER.
CE N'ÉTAIT PAS MOI DANS L'ÉMISSION DE TÉLÉ.
CE QUI SOULÈVE UN POINT SUR MOI
JE N'AI PAS PEUR DE LA CHAMBRE À GAZ CAR
ELLE M'ENVERRA PLUS VITE AU PARADIS
CAR J'AI MAINTENANT ASSEZ D'ESCLAVES POUR TRAVAILLER POUR MOI
ALORS QUE TOUS LES AUTRES N'ONT RIEN QUAND ILS ARRIVENT

AU PARADIS ET ONT DONC PEUR DE LA MORT
JE N'AI PAS PEUR CAR JE SAIS QUE MA NOUVELLE VIE
SERA FACILE AU PARADIS DE LA MORT

La lecture du message me prend aux tripes, comme le ferait la découverte d'une bouteille à la mer centenaire. À défaut d'un flacon en verre, la missive est enfermée dans un cryptogramme qui ramène à la vie un monstre. Sa lecture me fait voyager dans le temps. Ce n'est ni vraiment lui dans le futur, ni vraiment moi dans le passé. Un entre-deux flou comme un pont abstrait entre deux époques.

Le tueur est probablement déjà mort, et pourtant il parle encore. C'est donc cela, un message d'outre-tombe. L'expression m'est connue, mais en faire l'expérience me fascine. D'autant plus que son auteur – je m'apprête à le découvrir dans l'article – est aussi énigmatique que le procédé par lequel il revient à la vie. Le Tueur aux Cryptogrammes, un des *serial killers* les plus recherchés des États-Unis, n'a jamais été identifié.

Alors que tremblent les arbres sous le vent qui s'intensifie, et que la pluie fouette la baie vitrée en cette nuit de décembre, je découvre l'histoire du Zodiac Killer. Le nombre exact de ses crimes demeure lui-même inconnu : quand l'enquête concluait à cinq meurtres avérés, lui en revendiquait trente-sept. On ignore le décompte final, qui a donné lieu à des spéculations et une surenchère : cinquante, cent, cent vingt… ?

Je ne sais pas grand-chose de cette affaire. Le film de David Fincher, *Zodiac*, sorti treize ans plus tôt, est ma seule interaction avec ce *cold case* californien. Je me souviens de n'avoir jamais terminé ce long métrage que j'aimais tant visionner pour son ambiance sombre et intrigante avant de me coucher. Comme j'étais emporté par le sommeil chaque fois bien trop tôt, le dénouement de l'affaire m'était resté totalement inconnu.

Le réalisateur braque les projecteurs sur le suspect favori : Arthur Leigh Allen. Et mes souvenirs altérés m'avaient convaincu de la résolution de l'affaire. Sauf que le suspect était resté insaisissable.

L'article suscite ma curiosité, mais l'histoire me laisse sur ma faim. Je ne soupçonne pas que le *cliffhanger* qui le clôt annonce l'épilogue d'un thriller vieux de cinquante ans :

> *Deux autres très courts cryptogrammes (« Z13 », envoyé le 20 avril 1970, et « Z32 », envoyé en juin de la même année) attendent encore d'être déchiffrés. Le Z13 est le plus intrigant. Il est en effet précédé de la mention : « My name is » (mon nom est...).*

Mon cœur rate un battement.

Arthur

27 juillet 1971

— Dave, on a reçu un rapport de la police de Manhattan Beach.

— Et ?

— Apparemment un type connaît quelqu'un qui selon lui pourrait bien être notre gars.

— Tu déconnes, Bill ? répond Toschi sur un ton blasé.

La lassitude s'est installée à l'Homicide Detail du SFPD depuis le meurtre de Paul Stine, exécuté par le Zodiac deux ans plus tôt. Aucune des preuves matérielles prélevées sur les scènes de crime ni les témoignages n'ont permis de remonter à un suspect crédible. Même pas un nom.

— L'informateur et son associé ont fréquenté un certain Allen. Il correspondrait au profil.

— Bill… On reçoit tous les jours une centaine d'appels concernant des mecs louches qui correspondent au profil.

Toschi pioche dans un tiroir d'une armoire métallique un dossier dans lequel sont rangées deux feuilles dactylographiées.

— Tiens voilà, regarde… Madame Schnips qui trouve étrange que son voisin sorte les poubelles à 2 heures du matin. Elle pense qu'il découpe le corps de ses victimes. Combien de victimes ont été découpées par le Zodiac ?

— Aucune… enfin, on ne sait pas, Dave ! En tuant le taxi il a bien changé de *modus operandi*…

David Toschi marque un silence. Des dossiers et des éléments d'enquête, il en a quatre armoires métalliques pleines à craquer. Une pour chaque année d'enquête depuis le premier meurtre à Lake Herman le 20 décembre 1968. Une piste viable est peut-être noyée là, sous la montagne d'informations érigée par la couverture médiatique de l'affaire.

— C'est du sérieux ?

La question est posée solennellement.

— Un gars de Vallejo installé à Los Angeles depuis… (Il regarde ses notes.)… depuis trois ans. Il dit qu'Allen aurait évoqué sur le ton de la plaisanterie de chasser des humains parce qu'ils sont – accroche-toi – l'animal le plus dangereux.

— Comme dans le message décodé par les Harden !

— Oui, mais ce n'est pas tout, écoute bien. Il a dit qu'il tuerait ses victimes dans la nuit avec une lampe torche fixée à son pistolet. Et qu'il écrirait des lettres aux policiers signées « Le Zodiac ».

— Et tout ça, avant l'affaire ?

— Yep.

— On appelle Vallejo !

C'est ainsi qu'Arthur Leigh Allen s'est retrouvé dans le viseur de la police de San Francisco et des enquêteurs David Toschi et Bill Armstrong.

Au Vallejo Police Department, dont la juridiction couvre les meurtres de Lake Herman et Blue Rock Springs, on prend la piste au sérieux. Allen habite la petite ville, à deux kilomètres du commissariat, au 32 Fresno Street. C'est l'inspecteur Mulanax qui accueille les enquêteurs du SFPD. Eux sont là pour le meurtre de Paul Stine, le taxi.

L'agent Mel Nicolai du Department of Justice est sur place également : son rôle est de rassembler les antécédents judiciaires du principal intéressé. Ils décident de collecter le maximum d'informations sur Leigh avant d'aller l'interroger.

Après une semaine d'investigations, les enquêteurs ont une idée plus précise du bonhomme. Des échantillons de son écriture ont également été obtenus discrètement auprès de la famille, et envoyés à l'expert en analyse graphologique du Department of Justice, Sherwood Morrill.

Allen jouit d'une excellente réputation auprès de ses voisins – des retraités. Il vit dans une cave aménagée chez sa mère, dans un quartier pavillonnaire de Vallejo. Ils entretiennent une très bonne relation, d'après le voisinage, qui connaît le suspect depuis qu'il était un petit garçon sans histoires.

Quant à l'analyse graphologique, sa conclusion arrive rapidement sur le bureau de Mulanax :

> *M. Sherwood Morrill a comparé les impressions sur les documents transmis avec les impressions contenues dans les lettres du Zodiac et a conclu qu'elles n'étaient pas produites par la même personne.*

Les investigations pourraient s'arrêter là. Mais de précédents rapports révèlent une facette plus sombre du personnage. Alors qu'il était employé dans une station-service, le patron l'avait viré parce qu'il montrait un intérêt trop appuyé pour les enfants. Et notamment pour la jeune fille de l'employeur, à laquelle Allen aurait fait des propositions scabreuses lors d'une balade en bateau.

Intrigué par ces éléments, l'inspecteur Mulanax prend contact avec la raffinerie de l'Union Oil of California, qui emploie le suspect, afin de planifier un interrogatoire le lendemain. Il demande explicitement à ce qu'Allen ne soit pas mis au courant au préalable. Il sera conduit dans un bureau où il fera face au policier de Vallejo accompagné de ses confrères de San Francisco, Toschi et Armstrong.

Au cours de l'interrogatoire, Allen – qui demande qu'on l'appelle Leigh, comme tout le monde – nie les propos qui lui sont attribués par l'informateur. À la question de savoir s'il connaît l'affaire du Zodiac, il répond : « Trop morbide. »

Bill Armstrong, qui mène l'entretien, l'interroge sur ses activités le jour de l'attaque au Lake Berryessa. Leigh serait parti plonger pour le week-end près de Fort Ross, à deux heures de voiture plus au nord. Quant aux couteaux ensanglantés dans le coffre de sa voiture, il explique que c'est parce qu'il avait tué un poulet.

— Les couteaux ?

— J'ai déjà raconté tout ça à votre collègue il y a quelques mois !

— Quel collègue ?

— Un sergent ! de Vallejo !

Le sergent John Lynch du Vallejo Police Department a en effet interrogé Allen quelques mois plus tôt, sans que ce dernier se démarque des centaines d'autres suspects. Vérification faite plus tard auprès du policier : l'histoire des couteaux ne lui dit rien…

L'entretien se termine. Leigh va devenir la meilleure piste pour les enquêteurs. Enfin, un os à ronger ! Car un détail les a marqués : au poignet du suspect était attachée une montre prisée des amateurs de plongée. Une Sea Wolf de marque Zodiac, et dont le logo est un cercle avec une croix : la signature du tueur en série.

Sleuths

17 décembre 2020

La lecture de l'article et le mystère autour des cryptogrammes ont enflammé ma curiosité. Et même le Spritz que je viens de me servir ne peut étancher cette soif. Cela fait deux heures que l'écran de l'ordinateur imprime sur ma rétine des pages et des pages de forums et de sites internet dédiés à l'affaire du Zodiac.

La quantité d'informations disponibles en ligne est impressionnante. Des rapports de perquisition, des comptes rendus d'interrogatoires, les portraits-robots faits par les témoins, et même les empreintes présumées du tueur ! Toutes les pièces du puzzle sont là. L'envie de jouer aussi.

Bien avant moi, d'autres curieux ont été fascinés par ce *cold case*. Certains en sont devenus passionnés, et ont fédéré des communautés d'enquêteurs amateurs autour d'eux. On appelle ces détectives officieux les *sleuths*. J'en serai bientôt un, moi aussi.

Le fonctionnement est simple : quelqu'un poste une trouvaille, un indice, une théorie, ou juste une idée… et cela suffit souvent à lancer un débat. Une intelligence collective permise par des moyens de communication et de partage de l'information inexistants il y a cinquante ans.

Happé par l'intrigue, je navigue sur la toile de site en site, me perdant dans les fils de discussion qui finissent tantôt en impasse, tantôt en apesanteur. Je rejoins en tant qu'observateur la plus grande communauté de *sleuths*, sur Reddit, qui compte plus de cinquante mille membres.

J'apprends que Allen, bien que suspect numéro 1, n'est pas le seul sur la liste, qui s'est allongée depuis les années 1970 : Ross Sullivan, Lawrence Kane, Richard Marshall… Certains ont été soupçonnés de leur vivant, et ont vu leur vie transformée en cauchemar.

À l'image de ce retraité, surpris sur son paillasson par un *sleuth* qui se fait appeler Captainfun, et sommé très sérieusement de s'expliquer, face caméra, sur la présence d'un couteau de chasse retrouvé chez son père. Du sénateur Ted Cruz au voisin qui ne dit pas bonjour, tous les suspects ont une bonne raison d'être le tueur en série le plus recherché des États-Unis.

J'admire ces anonymes qui ont collecté toutes ces informations, déniché des coupures de presse, parlé à des témoins et accumulé au fil des années tant de documents. L'affaire du Zodiac est probablement unique à cet égard. Les motivations derrière ce travail de fourmi sont certainement diverses. De la quête de la vérité, en hommage aux victimes, à la recherche de la gloire d'être celui qui identifiera le criminel le plus énigmatique des États-Unis.

En résolvant le code Z340 qui a ramené le monstre à la vie, David Oranchak est devenu une rock star. Le programmeur informatique et acteur de téléréalité tentait de craquer le code depuis des années. Il a même participé à une série télévisée qui employa les grands moyens – supercalculateur et intelligence artificielle – pour tenter, en vain, de décrypter les codes. Mais cette fois-ci il y est parvenu, notamment grâce à Sam Blake, un mathématicien australien qui lui a permis d'exploiter la puissance de calcul de l'université de Melbourne (un supercalculateur nommé Spartan), et à Jarl Van Eycke qui a développé le programme informatique utilisé pour trouver la clé de substitution. La classe internationale.

J'ose à peine deviner le frisson qu'on ressent quand se révèle à nous un message si ancien, émis par un personnage qui a fait planer sur lui autant de mystère. Je m'imagine une euphorie comparable à celle d'Howard Carter, un siècle plus tôt, au moment de découvrir la tombe de Toutankhamon.

Toutes ces années passées par les enquêteurs à se demander si ces 340 symboles avaient un sens… Ils en ont bien un. Même si le code ne dit rien de l'identité du tueur. Mais peu importe. À ce moment, je suis davantage fasciné par le voyage dans le temps que par la résolution de l'affaire. Après tout, le suspect Arthur Leigh Allen semble faire consensus.

L'article de *L'Obs* se termine par cette information qui me titille : il reste encore deux codes non résolus du Zodiac. Voyager dans l'espace-temps est encore possible. C'est peut-être le Spritz, mais je m'interroge : *Et si c'était pour moi ?*

À moitié confiné pendant mes congés de Noël, j'ai du temps à tuer. Mais mes ambitions vont rapidement se heurter à un hic : les experts des cryptogrammes du Zodiac sont certains que les derniers codes sont incassables.

Impossible

17 décembre 2020

La clé s'engage dans le canon de la serrure et déclenche le mécanisme d'ouverture de la porte dans un cliquetis métallique qui m'arrache à ma torpeur. Vingt heures, Alice rentre du travail. Elle est agent immobilier et a obtenu une dérogation au couvre-feu de 18 heures.

Elle m'embrasse, joue avec Tequila – notre french bulldog – qui s'est jetée sur elle pour l'accueillir, puis me demande en lançant son trousseau vers le plateau dans l'entrée :

— Tu as lu l'article sur le Zodiac que je t'ai envoyé par SMS ?

Elle n'a pas idée de l'impact de cette lecture sur ma première journée de congé, que j'ai passée, en quasi-totalité, penché sur le *cold case*.

— J'étais sûre que ça allait te plaire !

Je n'en étais plus là.

J'avais été fasciné.

Puis excité.

Et enfin déçu.

Impossible. Ainsi les experts ont-ils résumé la difficulté du décryptage des deux derniers codes du Zodiac sur lesquels ils se sont cassé les dents. La localisation de la bombe et le nom du tueur sont condamnés à rester enfouis. Comme la chambre secrète du tombeau de Toutankhamon.

Ce n'est pas que je me prenne pour Lara Croft, mais j'ai voulu comprendre pourquoi. J'ai appris que de nombreuses techniques de cryptographie emploient une méthode de « substitution », qui consiste à remplacer les lettres du message en clair par des symboles. César utilisait par exemple un chiffrage qui consistait à décaler l'alphabet : ainsi A devenait B, B devenait C, etc. Trouver la correspondance entre les symboles et les lettres de l'alphabet, c'est trouver la *clé* du code. C'est en trouvant cette clé que les Harden ont résolu le code Z408.

Si le Z32 (qui renferme la localisation de la bombe) et le Z13 (qui contient le véritable nom du Zodiac) sont dits incassables, c'est parce que les techniques de décodage de cryptogrammes utilisent des modèles statistiques, qui ne sont fiables que sur des textes suffisamment longs. On connaît par exemple l'occurrence de la lettre E, une des plus fréquentes en français. Si un symbole apparaît très fréquemment dans un cryptogramme, on peut supposer qu'il dissimule un E. Mais lorsque le cryptogramme est court et que les symboles n'apparaissent qu'une ou deux fois, il devient presque impossible de les différencier.

— Tu as pensé à utiliser la clé qu'ils ont trouvée dans le Z340 ? me demande Alice, qui s'est installée à côté de moi, un Orangina et un bol de cacahuètes dans les mains.

— Chérie… tu ne penses quand même pas que le Zodiac va utiliser la même clé pour les autres codes… Ce serait trop facile, soufflé-je sur un ton blasé.

— T'en sais rien ! Fais voir les codes !

Puis elle attrape un des stylos qui traînent sur la table et griffonne sur une serviette quelques minutes. Elle sourit.

— Mouais… Ça ne donne rien.

— Je te l'avais dit.

— Je vais balader Tequila, tu prépares le dîner ?

Elle est déjà passée à autre chose. Moi, je suis encore absorbé.

Un détail cloche : à quoi bon créer des codes impossibles à résoudre ? La résolution du Z340, même cinquante ans plus tard, confirme que les codes du Zodiac ont bien une solution. Pourquoi avoir envoyé ces lettres et ces cryptogrammes ? Mon impression est qu'il jouait peut-être à se faire peur. La peur d'être éventuellement découvert. Les codes Z32 et Z13 ont donc probablement des solutions eux aussi, sans quoi ils auraient été inutiles au tueur et à sa soif de frisson.

Je pose la casserole sur la plaque.

Les puristes ont raison sur un point : pris isolément, les codes sont impossibles à résoudre car leur clé ne peut être trouvée mathématiquement. Mais Alice a apporté le bon sens que trop de science fait perdre. Les codes sont l'œuvre du même auteur : s'ils peuvent être résolus et qu'une seule clé est trouvable, alors il est probable qu'ils ont tous la même clé : celle du Z340. Mais cette clé nécessaire à la résolution ne serait pas suffisante : le tueur a indiqué qu'il fallait utiliser la carte du mont Diablo pour le Z32 – et faire marcher son imagination.

Mes neurones entrent en ébullition, alors que l'eau de la casserole peine à frémir.

Et pourquoi ne serait-ce pas la clé du Z408, résolu en 1969 ? À propos de ce code, le Zodiac avait d'ailleurs dit qu'il contenait son identité. Littéralement, c'était faux.

Comme pour le Z340, la seule certitude qu'offrait le message était qu'il était bien l'œuvre d'un aliéné obsédé par la collecte d'esclaves après la mort. Et si… et si c'était une figure de style ? Le cryptogramme pourrait contenir la *clé* de son identité, identité qu'il livrerait dans un code ultérieur.

J'ai peut-être mis trop d'eau dans la casserole.

La clé du Z408 a été très vite craquée, en moins d'une semaine, ce qui du point de vue du Zodiac a dû la rendre inutile pour chiffrer les cryptogrammes ultérieurs. Quant au code Z340, il m'intrigue car son contenu n'apporte rien de nouveau. Il est arrivé accompagné d'une lettre sans grand intérêt quelques semaines après le déchiffrage du premier code. Sa résolution a été en revanche bien plus difficile. Ce code corrigeait les défauts du Z408, qui était trop facile ! C'est lui qui renferme la clé du Z13 et du Z32 !

Les plaques à induction, c'est quand même moins bien que le gaz.

Mes pensées s'accélèrent et s'entrechoquent. Cela devient limpide : la résolution du code Z340 ne permet pas seulement de décrypter un nouveau message délirant du tueur. C'est la clé commune aux trois cryptogrammes qui a été mise au jour. Les esclaves pour la vie après la mort détournent seulement l'attention. C'est décidé, demain, je m'attaque au code de la bombe, le Z32.

Alice est revenue dans la cuisine. Bip, bip. Elle appuie sur deux boutons et me lance :

— C'est sûr que si tu n'allumes pas la plaque…

Le gardien de l'enfer

18 décembre 2020

Un tueur en série qui joue aux charades, ce n'est pas commun. Pourtant c'est bien à cela que ressemble la première épreuve pour résoudre le cryptogramme de la bombe, le Z32. Le Zodiac avait en fait donné trois indices qui, ensemble, je le comprendrais bientôt, révélaient la nature du contenu du code.

Les deux premiers indices avaient été marqués au stylo sur une carte accompagnant sa lettre de menace : un cadran sur le mont Diablo et la mention : « À régler sur le N. Mag. »

Le mont Diablo serait-il une référence aux enfers, berceau du Zodiac ? À cette évocation, je me laisse aller à imaginer une montagne de feu, un volcan dont le cratère est le point d'entrée de la demeure de Satan. Le Zodiac aux cornes de bélier, paré d'étincelantes écailles de dragon, garde l'entrée du Pandémonium, et défie quiconque s'y aventure de répondre d'abord à son énigme avant d'aller plus loin !

Le visage rougi par les flammes déchaînées, je tente de déchiffrer cette énigme, blotti auprès d'un feu de cheminée allumé quelques minutes plus tôt.

Le mont Diablo n'est ni une montagne entaillée par des coulées de lave, ni un brasier à ciel ouvert, m'apprend Wikipédia. C'est un sommet culminant à mille deux cents mètres et sur lequel est installé un observatoire. Visible à des kilomètres, il a été utilisé dès la fin du XIXe siècle comme repère pour les mesures du cadastre de cette partie de la Californie. À travers ce sommet, se croisent le « parallèle de base » et le « méridien principal », communément appelé le « méridien Diablo ». Ce méridien, qui traverse le nord géographique, est situé à cent vingt et un degrés à l'ouest du célèbre méridien de Greenwich, qui sert de référence aux fuseaux horaires.

Le regard perdu dans le feu qui danse, je me demande ce que peut bien vouloir dire la mention manuscrite « À régler sur le N. Mag. ». Quiconque a déjà utilisé une boussole à aimant a peut-être appris que le nord qu'elle indique n'est pas le vrai nord, celui autour duquel la Terre tourne sur elle-même, mais qu'elle pointe le nord magnétique, résultant du champ magnétique terrestre, légèrement décalé par rapport au nord géographique de nos GPS. Ce deuxième indice peut-il être « à régler sur le nord magnétique » ?

Il est donc question de méridien et de nord magnétique. Il ne m'en faut pas plus pour avoir une idée de la solution à cette première énigme. Mais le Zodiac, devant l'échec des autorités à décrypter le code Z32, avait donné un dernier indice dans le post-scriptum d'une lettre, sous les paroles de *The Mikado* :

P-S : le mont Diablo est en référence aux Radians et aux Inches.

— La trigonométrie…

Mon premier, mon second, mon troisième… Tout s'assemble ! Les radians sont des unités de mesure d'angle, tout comme la latitude et la longitude sont les angles formés par les méridiens et parallèles, par rapport à un nord. Magnétique cette fois.

— C'est donc cela que renferme le code : des coordonnées géomagnétiques !

Voilà le Zodiac, gardien de l'entrée des enfers, qui me laisse franchir le pas de la porte. Car avec cette première énigme a commencé ma descente dans l'antre d'un *serial killer*.

Mobile Home

Septembre 1972

La caravane d'Arthur Leigh Allen ne correspond pas vraiment à l'idée que l'on se fait du palais de Satan. Point de Champs élyséens à Sunset Park, où le suspect a installé sa garçonnière en équilibre sur des parpaings. C'est ce que découvrent les inspecteurs Armstrong et Toschi en arrivant sur les lieux.

Quatorze mois après qu'un informateur les a mis sur la piste Allen, les enquêteurs ont réussi à obtenir un mandat pour fouiller l'antre du diable. C'est un aboutissement. Pour la première fois, ils vont pénétrer dans l'intimité de cet homme, et y découvrir enfin ses secrets. Ils s'attendent à y retrouver la chemise ensanglantée de Paul Stine, le masque de bourreau brodé d'une cible, ou même le long couteau avec lequel il poignarda Cecelia Shepard.

Bam ! Bam ! Bam !

L'inspecteur Armstrong tambourine à la porte du mobile home.

— Monsieur Arthur Leigh Allen, police de San Francisco ! Nous avons un mandat, ouvrez la porte s'il vous plaît.

Pas de réponse. Les enquêteurs prennent l'initiative de forcer la serrure, la loi les y autorise. Ils pénètrent dans le logement spartiate, plongé dans l'obscurité. La puanteur, un mélange de sueur et de putréfaction, agresse leurs narines. Ils en découvrent rapidement l'origine. Des cadavres de rongeurs s'entassent en divers recoins, de part en part du mobile home, y compris – ils ont cette mauvaise surprise en en ouvrant la porte – dans le réfrigérateur.

— C'est une infection ! Qui peut vivre là-dedans ?

— Personne, c'est une garçonnière. Mate-moi ça, lance Armstrong dont le faisceau de la lampe torche s'est arrêté sur des *sextoys* près du lit.

Les policiers n'entendent pas le bruit de moteur quand la voiture se gare devant la caravane, et Allen fait soudain irruption dans la pièce. D'un coup d'œil à travers le hublot, Toschi remarque que le véhicule est une Volkswagen Karmann-Ghia. Le même modèle que celle de Bryan et Cecelia sur laquelle le Zodiac avait laissé sa marque, après avoir poignardé le couple à Lake Berryessa.

— Qu'est-ce qui se passe ici ? aboie Allen.

— Inspecteur David Toschi, et voici mon collègue Bill Armstrong, répond calmement le policier qui, en sortant son badge, laisse apparaître la crosse de son arme sous son trench. On s'est déjà rencontrés.

— Ouais… et ? demande Leigh, figé sur le pas de la porte qu'il obstrue de son imposant gabarit. Il ponctue sa question d'un crachat envoyé voler dans les buissons.

— Nous enquêtons toujours sur le Zodiac, monsieur Allen. Voyez-vous, le juge nous a donné un mandat pour perquisitionner votre caravane.

David Toschi enchaîne avec la lecture de l'avertissement Miranda : « Vous avez le droit de garder le silence, etc. » Depuis un arrêté de la Cour suprême des États-Unis cinq ans plus tôt, c'est une procédure systématique. Elle a été mise en œuvre après que les aveux d'un violeur multirécidiviste ont été annulés par son avocat, qui avait objecté que son client, faiblement instruit et ignorant ses droits, avait concédé des aveux sous la pression. L'homme avait été libéré. Allen est sûrement bien assez malin pour exploiter une erreur de procédure.

— Vous perdez votre temps, inspecteurs, je suis pas le Zodiac ! proteste Leigh.

— Aidez-nous à le prouver.

— Si je pouvais…

— Nous aimerions des échantillons de votre écriture, monsieur Allen, demande Bill qui saisit l'opportunité et lui tend une feuille de papier. De la main droite, s'il vous plaît.

— Je suis gaucher ! s'énerve Leigh.

— Essayez quand même. C'est la main droite qui nous intéresse.

— Sérieusement, foutez-moi la paix ! Même quand je boxais, j'avais du mal avec la main droite, alors écrire…

Allen s'exécute malgré tout. Il se contorsionne pour recopier les phrases qui lui sont suggérées par les policiers. L'examen graphologique n'avait rien donné sur la base des premiers échantillons ; mais on le soupçonne d'être ambidextre et de vouloir dissimuler sa véritable écriture, celle du corbeau. Celle du Zodiac.

Peur

18 décembre 2020

Alors que l'étau se resserre sur Allen, je tiens une piste sérieuse pour craquer le cryptogramme Z32. La bombe n'a jamais été retrouvée, mais le Zodiac avait indiqué qu'elle pouvait être aussi bien au bord de la route que dans sa cave. Les indices qu'il a laissés m'ont indiqué la présence de coordonnées géomagnétiques. Et je me suis convaincu que le point d'entrée à la résolution du cryptogramme doit être la clé du code Z340. Je m'attends à trouver dans ce code, peut-être, l'adresse de Leigh à Vallejo : 32 Fresno Street.

Deux bûches dans la cheminée relancent le feu. La nuit sera longue, et Alice est montée se coucher.

Un cryptographe n'a besoin de rien d'autre que d'une feuille de papier et d'un crayon. C'est ce que dit en introduction de son blog un expert en la matière. Papier millimétré et retranscription minutieuse des symboles servent de canevas pour les apprentis *code breakers*. Je suis admiratif devant les efforts de ceux qui se sont attaqués aux codes du Zodiac.

Il n'est d'ailleurs pas surprenant que les cryptographes amateurs éprouvent un plaisir à dupliquer ce code, comme on aime à reproduire une œuvre d'art lorsqu'on s'initie à l'illustration ou à la peinture. Et il faut reconnaître un talent de faussaire à quelques-uns. Car ces cryptogrammes, aussi macabres soient-ils, ne sont pas privés d'une certaine esthétique. L'encre bleue sur du papier bruni par le temps, l'espacement régulier des symboles confèrent à ces documents un équilibre chromatique et géométrique satisfaisant. Malgré une répartition homogène, la diversité des symboles et leur positionnement aléatoire – au premier abord – rompent toute monotonie dans leur contemplation.

Il est rare qu'une pièce à conviction inspire une telle harmonie, sauf peut-être dans les affaires de faussaires et d'œuvres d'art volées. Je ressens une fascination coupable à contempler le Z340, hypnotisé malgré moi par sa beauté. Sans aucun doute, le Zodiac s'était-il appliqué à le créer, et peut-être considérait-il qu'il s'agissait là d'une pièce maîtresse de son œuvre.

S'il renferme la clé de son identité, ce que je suppose, alors ce serait bien une composante essentielle de son jeu. Et je ne saurais me limiter à la seule fascination de ce qu'il est.

Le crépitement du feu est interrompu de temps à autre par un craquement plus fort qui me fait sursauter.

Je m'étale sur la table de la salle à manger. Déchiffrer un code requiert de le disséquer, le barrer, le flécher – de le détruire. C'est un travail sale. Il n'est pas question pour moi de m'appliquer. J'aurais bien trop de peine à couvrir de gribouillages un code que j'aurais retranscrit trop soigneusement.

En bon élève cryptographe, je noircis des piles de papier, frôlant parfois une solution plausible mais finalement impossible. Les mots BODY, EAST, NORT, ROAD et tant d'autres nourrissent l'espoir d'une découverte imminente. Absorbé par ma tâche et la sensation que la résolution est à ma portée, je ne ressens pas la fatigue et je néglige le feu qui ne devient plus qu'un lit de braises.

Il est 1 heure du matin. On sonne à la maison. Bon sang ! Je manque de renverser mon café. Le cinquième de la soirée. J'entrouvre la porte.

Personne. *Sales gosses.*

Mais en vérité, j'ai peur.

Mon immersion dans les documents de l'affaire, les menaces du tueur, les photos des scènes de crime… Les images sont revenues me hanter, amplifiées par l'obscurité, le silence, la fraîcheur de la nuit. L'atmosphère préférée du Zodiac Killer. C'est par une nuit semblable que Betty Lou a été tuée et abandonnée sur la terre glacée de Lake Herman Road, il y a cinquante-deux ans quasiment jour pour jour.

Parfois mes mains tremblotent, sûrement la caféine. Ou le froid. Le couteau cherché dans la cuisine, défense dérisoire au cas où, me donne le courage de poursuivre. De temps à autre un frisson me parcourt. Alors que je poursuis ma quête, j'ai la sensation qu'une force qui me dépasse s'est invitée sous mon toit.

Je tremble de tout mon corps.

L'Exorciste

29 janvier 1974

Depuis son dernier courrier, la Pines Card du Lake Tahoe, le Zodiac est resté muet. Personne ne sait s'il continue de tuer pour son bon plaisir, maquillant ses meurtres en accidents. Quant à Donna, on ignore tout de l'endroit où elle est, et de ce qu'elle est devenue.

L'analyse graphologique des échantillons collectés lors de la perquisition chez Leigh s'est avérée non concluante. Et la fouille de la caravane n'a rien donné.

Au début de l'année 1974, cinq ans après les événements de Lake Herman Road, l'enquête est au point mort. Alors que se tarit le flot d'indices et que la piste Allen semble dans une impasse, Toschi et Armstrong espèrent que le tueur commettra une erreur ou qu'il se manifestera. Leurs vœux sont exaucés dans une lettre en date du 29 janvier.

> *J'ai vu et je pense que* L'Exorciste *est la meilleure comédie satirique que j'aie jamais vue.*
> *Sincèrement vôtre :*
> He plunged himself into the billowy wave and an echo arose from the suicide's grave titwillo titwillo titwillo
> *PS*

Si je ne vois pas cette note dans votre journal,
je ferai une vilaine chose, dont vous savez que je
suis capable.
Moi – 37
SFPD – 0.

Point d'introduction théâtrale ici, ni de « Zodiac qui vous parle », ni de cible en guise de signature. Mais un score. Le corbeau revendique trente-sept meurtres. La lettre, envoyée au *San Francisco Chronicle*, est authentifiée par les experts. Il reprend les paroles de la comédie musicale *The Mikado,* encore une fois. C'est bien lui, le bourreau des amoureux qui flirtent.

L'Exorciste, sorti au cinéma quelques jours plus tôt, n'a pas fini de faire vomir ses spectateurs que le Zodiac le qualifie de comédie. Le film d'horreur a peut-être réveillé les vieux démons du tueur, qui profite de l'occasion pour revenir hanter les enquêteurs. Son ego a-t-il souffert qu'une fiction inspire au monde davantage de frayeur que ses meurtres ? Ou bien est-il nostalgique… ? La police ne fait aucun commentaire sur les causes probables de son retour après un long silence.

Trois ans. C'est le temps qu'il a fallu au Zodiac – dit-il – pour tuer une trentaine de personnes sans que personne l'en soupçonne. Et c'était une durée suffisante pour laisser naître l'espoir que le *serial killer* s'était évaporé. Le timing de la lettre est cruel.

Impuissants, les inspecteurs continuent de penser qu'Arthur Leigh Allen a été leur meilleure piste. Le regard perdu sur un téléphone qui sonne de moins en moins, Toschi se demande où ils ont bien pu merder. Ils auraient dû fouiller chez la mère. Ou soumettre Allen à un détecteur de mensonges. Ou lui enfoncer le canon d'un 38 dans la bouche jusqu'à ce qu'il vomisse des aveux, comme l'aurait fait ce bon vieux *Dirty Harry*… Il est brutalement interrompu dans ses pensées quand la sonnerie retentit. Au bout du fil, le bureau du shérif du comté de Sonoma. L'appel est bref.

— Bill ! Bill ! Nom de… mais où est-il ? Quelqu'un a vu Bill ?

— À la machine à café, je crois, répond une voix qui s'élève au milieu du brouhaha du commissariat.

Dave traverse le hall au pas de course. Bousculant ses collègues, il manque de renverser un couple venu déposer une plainte. Il est porté par le vent qui a enfin tourné, et qui fait flotter sa gabardine dans sa course. Au détour du couloir dont le virage a failli le faire atterrir face contre terre, il tombe nez à nez sur le détective Armstrong, qui mordille la touillette avec laquelle il remuait son café encore fumant.

— On ne peut plus faire un *break,* Dave ?

— Arthur Leigh Allen. Il a été arrêté !

Nuit blanche

19 décembre 2020

La fraîcheur du carrelage apaise l'irritation de mes pieds nus. Il est 4 heures du matin et je fais les cent pas entre la cuisine et la salle à manger. Dopé à la caféine et à l'adrénaline, je ne conçois pas un instant d'aller me coucher. Je n'ai rien avalé de solide depuis des heures, de toute façon j'ai à l'estomac une crampe qui n'a aucune chance de se dissiper.

Cela fait deux heures que je pense avoir résolu le code Z32, me révélant l'emplacement de la bombe du Zodiac, au milieu de cette nuit noire où la lune n'est encore qu'un mince filet dans l'obscurité. Seule la lueur froide et bleutée de l'écran éclaire la pièce. Les ombres s'allongent sur les murs et dessinent des silhouettes filiformes inquiétantes. Cette pièce, chaleureuse en temps normal, est plongée dans une ambiance sombre et glaciale. Deux mondes parallèles viennent d'entrer en collision. Deux époques distantes d'un demi-siècle. Deux lieux séparés par dix mille kilomètres.

Je n'ai pas lâché mon téléphone depuis des heures. Je tombe sur la boîte vocale de mon frère à chaque appel. Par messages, je le harcèle :

4 h 07 : Frangin fais-moi signe quand tu te réveilles

Je veux faire connaître ma découverte au monde entier, mais n'ai aucune idée de la manière de m'y prendre. Qui contacter quand on fait une découverte sur un *cold case* américain vieux de cinquante ans et qu'on n'a aucune expérience en criminologie ?

Mon frère connaît mieux que moi le fonctionnement des médias. Ses faits d'armes en tant que journaliste d'investigation lui ont valu quelques prix. C'est l'homme de la situation, il saura me conseiller.

Bien entendu, il est certainement couché à cette heure-ci. Mais je n'ai plus aucune notion de bon sens.

4 h 25 : *Rappelle-moi dès que tu peux, je crois que j'ai découvert un truc*
4 h 32 : *Un scoop mondial !*
4 h 41 : *Allooooooo*

Comme si cette surenchère pouvait sortir son téléphone – sûrement en mode avion – de son hibernation forcée.

Je tourne en rond, comme un lion en cage, encore submergé par mes émotions. L'enthousiasme du départ, suivi de quelques frayeurs nocturnes, puis l'excitation de la découverte, et enfin une impatience irrépressible. Je tente de les surmonter pour laisser parler la raison. Comment l'annoncer ? Ce n'est pas comme si l'affaire du Zodiac m'avait hanté depuis des années et qu'il me savait passionné. La nouvelle aurait été attendue. Mais ce n'est pas le cas, je n'ai redécouvert l'affaire que deux jours plus tôt.

La marche stimule l'activité cérébrale, mais mon cerveau était déjà en ébullition et je suis pris d'un vertige.

Je fantasme les conséquences de cette découverte, la machine médiatique qui se met en branle, les enquêtes sur le terrain, la collaboration improbable avec le FBI…

Je ne connais personne au FBI.

FBI était le nom d'une série diffusée à la télévision l'après-midi dans mon enfance. Une organisation inaccessible d'hommes en costume-cravate-holster. Des agents intrépides auxquels on fait appel pour résoudre les affaires les plus sensibles. Ils sont la cavalerie qui débarque sur les scènes de crime hors norme, renvoyant les polices locales à leur incompétence, lesquelles les gratifiaient à chaque épisode d'un : « Merde, les fédéraux. »

Ma promenade nocturne me donne l'impression d'être un détenu à la veille de son jugement. Allant et venant d'un mur à l'autre de sa cellule à peine éclairée par la lumière des miradors extérieurs. Soudain, l'alarme libérant les prisonniers à l'aube retentit.

Tut ! Tut !

Enfin, une notification WhatsApp ! Mon frère.

> 8 h 43 : *Désolé, je dormais ! Je sors Grizzly et je te rappelle ?*

Atascadero

1975-1977

La folie est partout à Atascadero. L'hôpital psychiatrique implanté à mi-chemin entre Los Angeles et San Francisco accueille depuis 1954 les personnes condamnées pour crimes sexuels. Surnommé le « Dachau pour homosexuels » par la presse, l'établissement emploie des méthodes controversées qui font froid dans le dos pour « soigner » indifféremment pédophiles et homosexuels.

Dans l'écrin de nature où l'institution a établi son camp, les chevreuils sont intrigués par l'éclairage puissant des projecteurs du complexe médical. Derrière ses grilles hautement sécurisées, la psychiatrie moderne s'adonne à des expériences sur les « déviants ».

L'une d'elles est rapportée par le *Sacramento Bee* dans un article qui dénonce l'usage de l'anectine chloride : une drogue qui a pour effet de paralyser le patient en quelques secondes, d'abord les extrémités, puis les yeux, et enfin la poitrine, l'empêchant de respirer. L'équivalent du *waterboarding* employé par l'armée américaine plus récemment, et qui donne la sensation de mourir par suffocation.

Les docteurs pensent que la peur créée par l'asphyxie met le patient dans un état de réceptivité à la suggestion.

Alors qu'il ne respire plus et qu'il se sent mourir, il est invectivé et enjoint à changer de comportement avec autorité. Le dosage est précis, l'apnée forcée finit par se dissiper et le cobaye retrouve l'usage de la parole. Un exorcisme déguisé en procédure médicale.

C'est ici que le tueur en série Ed Kemper a été incarcéré après avoir tué ses grands-parents. Pris en charge par l'établissement, il a été diagnostiqué apte à retourner en société et libéré en 1969 après cinq ans d'enfermement. Les années suivantes, il assassina sept jeunes femmes dont il viola et démembra les cadavres. Puis il décapita sa mère dont il posa la tête au-dessus de sa cheminée.

C'est aussi à Atascadero qu'est emprisonné Arthur Leigh Allen en 1975, après qu'il a avoué le viol de David, un garçon de huit ans. La mère de la victime a raconté à la police comment celui qu'elle considérait comme un ami de la famille a trompé sa confiance et comment, avant d'emmener le garçon pêcher, il abusait de lui dans sa caravane de Sunset Park à Santa Rosa, et achetait son silence vingt-cinq ou cinquante *cents*. Ce n'est donc pas pour l'affaire du Zodiac qu'on a interné Allen dans un hôpital psychiatrique.

À Atascadero, Allen se retrouve de nouveau dans le viseur des traqueurs du Zodiac. Aucune des investigations le concernant n'a à ce jour permis de le coincer. Cette fois c'est le Department of Justice de Californie qui veut sa peau. La plus haute juridiction de l'État conclut un accord avec le suspect : passer au détecteur de mensonges en échange de sa tranquillité, une bonne fois pour toutes. Mauvais *deal* pour les enquêteurs, car au terme de dix heures passées branché sur un polygraphe et bombardé de questions, Allen réussit le test.

Le Department of Justice, les shérifs de comtés, les polices locales, le SFPD : aucune juridiction n'est parvenue à coincer le suspect numéro 1 dans l'affaire du Zodiac. L'intéressé, blanchi par le polygraphe, écrit à un juge pour demander que cesse le harcèlement dont il se sent victime.

Dans une autre lettre envoyée à l'un de ses amis, Leigh se plaint du protocole médical et de cet « endroit misérable » dans lequel il ne pense pas passer plus de deux ans. Et en effet, il finira par dire au corps médical ce qu'il veut entendre et sera remis en liberté en août 1977.

À l'Homicide Detail du SFPD, il n'y a plus que l'inspecteur Toschi qui enquête sur le *serial killer*. De cette affaire criminelle, il a fait une affaire d'honneur. Cela fait maintenant sept ans qu'il cherche le tueur, et malgré l'espoir qu'il avait eu avec son coéquipier de coincer Allen, il ne dissimule plus son impuissance. « Pour être honnête, je ne suis pas plus près de résoudre l'affaire, s'est-il confié dans la presse. Je doute que j'arrive à l'attraper, à moins qu'il ne fasse une erreur ou qu'il ne frappe encore. Je ne sais ni qui il est ni où il se trouve. »

Le livreur

24 décembre 2020

Un long râle, mêlé d'un cri strident.

Ce hurlement n'est autre que celui de la sonnette, alors que le livreur de pizzas attend dans le froid de ce mois de décembre. Depuis que le couvre-feu a mis un coup d'arrêt aux sorties au restaurant, nos livraisons de repas ont explosé. Et notre consommation de séries, films et documentaires avec.

La silhouette sombre du livreur, visible depuis la fenêtre de la cuisine, se découpe dans un halo de lumière. À contre-jour des phares de son scooter, il est immobile, face à l'entrée. Dans la rue déserte, inanimée du fait des restrictions sanitaires, il n'y a que lui.

— J'y vais ! hurlé-je avant de tourner la clé pour déverrouiller la porte blindée de la maison.

Mon accoutrement, un short en coton et un tee-shirt, serait davantage de circonstance au mois de juin. Mais je n'en ai que pour une minute pour récupérer les pizzas et payer le livreur, me dis-je. Seulement, une fois le pied dehors, marchant le long de l'allée pour le rejoindre, je suis submergé par un sentiment de vulnérabilité. Le froid pénètre aussitôt la mince couche de toile pour me glacer la chair.

Sur les graviers gelés dont les irrégularités écorchent mes pieds nus, j'avance vers cet homme qui a bravé le froid pour quelques euros. Sa silhouette devient un enchevêtrement de formes sombres dont il s'est recouvert pour affronter le vent glacé au volant de son deux-roues.

Je ne vois plus son casque, mais il a gardé sa cagoule, à travers laquelle son souffle, condensé par des températures négatives, évoque une respiration lente. À un mètre de lui, je vois enfin son regard. Puis son arme, dont je ressens soudainement le canon gelé sur ma tempe. La détonation est suivie d'une brûlure, comme celle d'une marque laissée au fer rouge.

Il vient de m'abattre, au bout de cette allée.

La mort abaisse son rideau noir sur la moindre source de lumière, le moindre reflet, et me plonge dans une obscurité totale. Chaque muscle de mon corps se détend, résigné dans l'attente de l'Après. C'est donc cela, la première sensation.

Mes yeux s'agitent sous les paupières encore fermées. Que va-t-il se passer maintenant ? L'absence de réponse à ce questionnement réveille ma conscience. Je suis bien là. Je suis dans mon lit. Il est 3 heures du matin.

Je me traîne jusqu'à la fenêtre, et écarte d'un doigt le rideau pour jeter un regard furtif à l'extérieur. Personne. Seulement des voitures garées le long des trottoirs, et dont le pare-brise s'est recouvert de givre sous la lumière blanche des lampadaires.

Putain de cauchemar.

Après ma précédente nuit blanche, j'ai eu mon frère au téléphone. Il m'a rassuré, conseillé, puis j'ai décidé de diffuser mes recherches sur Internet. Auprès de la communauté de *sleuths*.

Depuis, mon téléphone sonne et vibre toutes les cinq minutes. Principalement de nuit, sur le fuseau horaire californien. À l'heure où je songe à me coucher, les commentaires en ligne sur ma publication battent leur plein.

Les notifications ponctuent mon sommeil au rythme de micro-siestes qui ne me reposent pas, l'absurdité de cette situation culminant au milieu de la nuit, quand j'arrive enfin à m'endormir et qu'un cauchemar me ramène à la vie.

Je retourne me coucher, mais avant de me rendormir je consulte les dernières réactions, qui ne manquent pas. Certains commentaires sont enthousiastes et m'encouragent. Mais les plus loquaces sont les sceptiques qui se sont arrêtés à l'idée même qu'il puisse exister une solution à ce code réputé impossible. Les plus constructifs tentent de déconstruire mes hypothèses – et souvent leur raisonnement est erroné… mais au milieu de ce flot, un commentaire se distingue des autres.

L'utilisateur est discret, il utilise un compte anonyme qui vient d'être créé. Méthodiquement, il déconstruit ma solution. Son post ne retient pas l'attention des autres, mais pour moi, il est évident que cette personne sait de quoi elle parle. Et elle a raison.

Encore une fois au milieu de la nuit, la solitude, cette fois liée à l'échec, me compresse la poitrine. Je dois accepter le verdict : je me suis trompé, et me voilà condamné au ridicule. Cette idée me ronge, alors je m'extirpe de mon lit pour aller chercher un réconfort dans une tasse de thé chaud. Je suis frigorifié.

Mécaniquement, je réchauffe l'eau dans cette tasse rapportée d'un voyage aux États-Unis. À Houston, le site de la NASA se visite comme un musée, et l'on peut y dénicher des souvenirs. Estampillée du logo de l'agence spatiale, elle est de ces objets qu'on hésite à acheter, et qui finalement nous relient à une expérience mémorable. Dans mon cas, la visite des salles de contrôle, le cockpit d'une navette spatiale, et l'exposition de la pharaonique fusée Saturn V qui a emmené l'Homme sur la Lune.

Le regard vide, hypnotisé par le tourbillon fumant de ma tasse, je suis ranimé par le bip d'une notification :

> 3 h 12 : *Jacob McKarthern a laissé un commentaire. Ouvrir ?*

Au point où j'en suis…

> 3 h 12 : *Jacob McKarthern a écrit : Encore du n'importe quoi. Des tonnes de personnes qui essaient d'être Dave Oranchak ces derniers temps, mais qui échouent lamentablement.*

Le coup de grâce. Cet admirateur de David Oranchak a saisi mon échec comme une occasion de témoigner son admiration envers celui qui fait la une des journaux et des plateaux télés. L'immense notoriété qui a suivi sa résolution du code Z340 n'empêche pas les internautes d'écorcher régulièrement l'orthographe de son nom. Jacob McKarthern, lui, a même songé aux majuscules. Il ne tarde pas à supprimer son commentaire. Pour le poster de nouveau, cette fois en utilisant un compte anonyme.

Mon mug de thé entre les mains, affalé dans un fauteuil, je tente de me vider l'esprit. Qui est ce type, et pourquoi a-t-il ressenti le besoin d'exprimer son admiration – et son mépris – de la sorte ? Ne pouvait-il pas simplement, comme d'autres sceptiques, saluer la tentative et me conseiller autre chose ? Un Scrabble par exemple ?

Une intuition me souffle que sa méchanceté n'est pas gratuite : je le dérange ?

Peu importe, la goutte fait déborder le vase. Dans la foulée, je supprime toutes mes publications et je prends une décision radicale : jeter l'éponge.

La salle à manger

26 décembre 2020

Ma sœur aînée et sa famille nous ont rejoints au lendemain de Noël, et enfin les rires et les cris apportent une atmosphère de fête. Le retour à une vie normale s'impose, m'obligeant à quitter le monde parallèle dans lequel ma quête m'a immergé.

— Tonton !

Flifla, mon neveu de dix ans, se jette dans mes bras quand nous ouvrons la porte. Je ne sais plus qui de la famille lui a donné ce surnom au Maroc. Littéralement, « petit piment ». On se voit généralement aux vacances de Noël ou l'été, à Casablanca. Chaque retrouvaille est un prétexte pour moi de retomber en enfance. Malgré les rares occasions que nous avons de nous voir, nous sommes très proches.

— Tonton ! Tonton ! Tu vas voir, j'ai un nouveau jeu sur la console, j'ai trop hâte qu'on y joue.

Il sort de son sac à dos une Nintendo portable, enlève ses baskets qu'il abandonne au milieu du salon et se jette sur le canapé.

— Dites donc, ça caille chez vous !

Ma sœur, qui le suit avec les valises, a vite fait de remarquer qu'on se les pèle même à l'intérieur.

— On a allumé la cheminée toute la semaine, mais… c'est bizarre, la maison ne chauffe pas. On vous a préparé les chambres à l'étage.

— C'est normal que la salle à manger soit dans cet état ?

Depuis que j'ai laissé tomber la résolution des codes, je n'ai pas trouvé le courage de ranger la pièce. Ces derniers jours, mon obsession avait colonisé la table, dont la moitié est encore jonchée de notes, de livres, de tasses de café et de miettes de pain… L'autre moitié est tapissée de Post-it, afin d'organiser ma pensée. J'avais inscrit sur chacun de ces bouts de papier roses et jaunes un indice donné par le Zodiac, et mis en place un système de tri pour exploiter au mieux ces informations. Déformation professionnelle.

Au départ, tous les Post-it formaient un seul paquet : « Indices non résolus ». Puis j'en ai créé un autre, « Pistes en cours », vers lequel je déplaçais un Post-it dès lors que j'avais un nouvel élément pour l'interpréter. Enfin, le dernier paquet, « Indices résolus », regroupait ceux dont j'avais fini par décrypter le sens. Cette approche m'a aidé à imaginer des combinaisons d'indices qui, ensemble, pouvaient signifier quelque chose, et à m'assurer que j'exploitais bien toutes les informations.

Combien de fois ai-je entendu cette phrase, « *Tu peux ramasser tes affaires de la table ?* », dans mon enfance. C'est parce que la salle à manger porte mal son nom, qui la réduit à une seule de ses fonctions.

Cette pièce au cœur des habitations familiales, quand elle n'accueille pas de grandes tablées et les souvenirs qui vont avec, est le temple de la créativité. Elle offre tout l'espace pour s'étaler : piles de livres, feuilles volantes, ordinateurs portables colonisent le moindre recoin… et la cuisine n'est jamais loin, en cas de fringale.

Enfants, notre mère nous y convoquait le dimanche matin, pour notre plus grand bien : les devoirs scolaires. Mon père, lui aussi, préférait délaisser son bureau pour y traiter ses affaires.

Mais pour moi, la salle à manger a toujours été ce lieu où je pouvais être là, et ailleurs à la fois. Mêlé au tumulte du quotidien, des va-et-vient qui me rattachent à la vie, je m'évade dans mes pensées. Ainsi, je vis physiquement le présent pour n'avoir aucun regret, et explore la rêverie solitaire.

J'ai toujours été comme ça, à me lancer corps et âme dans ce que j'entreprends. Ce n'est pas gage de réussite à tous les coups, mais sans peine, point de plaisir. Je tente tant de choses que mes échecs sont nombreux, et mon bonheur immense. Et puis, les choses que j'ai accomplies et dont je suis le plus fier se sont souvent heurtées à la douleur de la défaite une première fois.

Rien d'étonnant ni d'exceptionnel pour ma sœur donc que cette table débordante, elle connaît mon penchant pour les loisirs peu conventionnels. Lorsque je lui explique mes recherches et comment j'ai utilisé un casque de réalité virtuelle pour me téléporter et m'imprégner des lieux de cette affaire, elle ne se met pas en émoi outre mesure. Elle m'a même conseillé de ne pas écarter la possibilité que le tueur puisse être une femme. Il faut dire que son petit frère, le « savant fou », n'en est pas à son premier coup, dans le genre projet tordu. Mais, cette fois, elle a tout de même l'air de penser qu'il a tutoyé la démence.

Je finis par me résigner à mettre de l'ordre. J'arrache les Post-it et empile mes feuilles volantes. *Ils ne peuvent pas comprendre ma frustration...*

— Tonton...

Je tenais quelque chose avec les coordonnées géomagnétiques...

— Tonton ?

Je devrais dormir et penser à autre chose...

— Tonton ! finit-il par hurler d'une voix aiguë, m'arrachant à ma torpeur.

— Oui, Flifla, pardon. On fait une partie de Mario Kart ?

— Dis, tonton, on traque le Zodiac Killer ?

Le livre

30 décembre 2020

J'ai l'intuition que pour décrypter les codes du Zodiac, il faut essayer de comprendre sa psychologie. Des heures d'errance sur les forums et le revisionnage du film de David Fincher ne m'ont pas suffi pour appréhender toute la personnalité d'Arthur Leigh Allen. Je dois mettre la main sur un exemplaire du livre de Robert Graysmith, *Zodiac*, publié en 1986 et qui a donné lieu à la célèbre adaptation en film.

Graysmith était illustrateur au *San Francisco Chronicle* quand la première lettre du tueur en série est arrivée sur le bureau du rédacteur en chef, le 1er août 1969. Sans aucune formation en criminologie, lui aussi s'est retrouvé happé par l'affaire. Son livre, publié près de vingt ans après les meurtres du Lake Herman, a relancé l'affaire. Pendant une dizaine d'années, il avait enquêté avec les moyens d'un citoyen lambda et les accès à l'information de l'époque : Internet n'existait pas. Il réussit pourtant à obtenir des témoignages, des photographies, des rapports de police…

Aujourd'hui, son livre est la bible pour les amateurs de la thèse Allen. Mon impatience me presse, je me lance donc à l'assaut des librairies du Quartier Latin en quête du précieux ouvrage.

Introuvable. Je fais toutes les boutiques, et l'heure défile. J'ai besoin de ce livre. Dix-huit heures approche, le couvre-feu est imminent. Je n'ai plus le temps de flâner dans les rayons. On me dit au téléphone qu'il reste un exemplaire, dans une libraire cinq cents mètres plus haut, sur le boulevard Saint-Michel, mais la fermeture est imminente. Je cours dans le froid de décembre, masque chirurgical de travers. Puis pénètre dans le bâtiment, et grimpe deux par deux les marches de l'escalier qui mène au sommet. Quand enfin, au dernier étage de Gibert Joseph, au rayon Policiers…, il est là. J'aperçois immédiatement le signe distinctif du tueur. Sa marque rougeoyante sur la tranche du livre. Il m'attendait.

Virginie Oswald, qui en 1986 avait fêté ses vingt-six ans, eut beaucoup moins de mal à trouver le livre : il était sur le lit de sa colocataire. Au Metropolitan College de l'université de Boston, où elle étudiait la littérature anglaise, tout le monde parlait du best-seller. Non qu'il fût considéré comme digne d'être étudié, mais il apportait un début d'explication à une génération marquée par la menace de la bombe. Et l'identification d'un suspect dans l'affaire du Zodiac. Un début de thérapie.

Pour Ginny, cela ravivait une blessure profondément enfouie. Une de celles qu'on pense n'être qu'une égratignure mais qui ont finalement mal cicatrisé. Parce qu'on n'a pas pris le temps de les soigner. Après l'incident du bus, elle était passée à autre chose. De la fenêtre de sa chambre d'étudiante qui donnait sur le campus, elle voyait ses amis se chamailler en attendant qu'elle les rejoigne pour aller déjeuner au lac.

« Il était gentil, ce garçon », lui murmura une voix intérieure.

Quant au Department of Justice, il accueillit avec peu d'enthousiasme la parution de l'ouvrage. Le retour du Zodiac après la sortie de *L'Exorciste* avait réveillé de vieux démons. S'ensuivirent quelques lettres anonymes, puis le tueur disparut de nouveau dans les obscurs abysses du silence. Les autorités craignaient que la sortie du livre ne réveille encore une fois le monstre qui dormait. Cela excita d'ailleurs un *copycat* du côté de New York.

L'enquête de Graysmith portait sur Arthur Leigh Allen. Le pseudonyme, Bob Hall Starr, sous lequel il camoufla son identité était une précaution juridique. Certains y ont vu un manque de rigueur de la part du dessinateur. Mais son livre suscita de nouveau l'intérêt pour celui que beaucoup d'enquêteurs étaient frustrés de n'avoir jamais coincé.

Ni les empreintes, ni les fouilles de sa caravane, ni les analyses graphologiques, ni le détecteur de mensonges ne permirent de conclure qu'il était le célèbre *serial killer*. Une explication fut avancée pour chacun de ces échecs. Les empreintes collectées n'étaient pas forcément celles du tueur, il aurait fallu fouiller la cave chez sa mère, il avait trompé l'analyse graphologique en modifiant son écriture naturelle, il était drogué lorsqu'il avait passé le test du polygraphe. Allen était un suspect coriace. On n'en attendait pas moins du Zodiac Killer.

À sa sortie de l'hôpital d'Atascadero, et malgré quelques difficultés à trouver un emploi, Allen réussit à être embauché dans un magasin de bricolage. Le succès médiatique du livre de Graysmith allait troubler sa tranquillité, tout en lui offrant paradoxalement l'occasion d'une revanche. Car il permettait de soulever des questions sur la qualité de l'enquête policière.

La traque du Nord

30 décembre 2020

Pour situer des coordonnées géomagnétiques sur une carte, il faut localiser le nord magnétique, qui sert de point de référence. J'ignore tout des principes de cette conversion, que je pensais n'être qu'une formalité. Depuis mon échec, j'ai appris qu'il existe de nombreux modèles de conversion, plus ou moins complexes selon qu'ils prennent en compte l'altitude, l'aplatissement terrestre, la configuration du champ magnétique… Il est peu probable que deux outils de conversion vous donnent les mêmes résultats si vous n'en maîtrisez pas les caractéristiques.

En utilisant un convertisseur de coordonnées géomagnétiques disponible en ligne lors de ma première tentative, j'avais confié une étape critique de la résolution du code à une boîte noire. J'avais péché par manque de rigueur, puis par excès d'enthousiasme. Un débutant !

Je ne peux résoudre le code de la bombe, le Z32, sans acquérir des compétences en magnétisme terrestre. Il est inutile de contourner l'obstacle plus longtemps, j'ai trop repoussé le problème. Après de nombreuses tasses de café et un peu d'autosuggestion, cette idée devient une évidence. Je vais entrer dans l'arène d'un nouveau domaine auquel je ne connais rien, ce qui est pour moi une source de stress autant que d'adrénaline.

Les premiers pas sont toujours douloureux. Physiquement. Un peu comme le premier kilomètre d'un jogging par moins quatre degrés. Car, de la même manière, l'effort intellectuel stimule mon activité cardiaque, les obstacles de compréhension me coupent le souffle. Et la peur de l'échec me tétanise. Coefficients de Gauss, harmoniques sphériques, dipôle magnétique, fonctions de Legendre… une agression neuronale en ces périodes de fêtes et d'oisiveté.

Je sonde les sites d'astrophysique, navigue dans les publications universitaires, et dévore les articles de la NASA qui traitent du sujet. Malheureusement, YouTube n'a pas de tutos dans le domaine. J'apprends que le nord magnétique est un fugitif. Insaisissable, se déplaçant continuellement, au gré des variations du champ magnétique terrestre. Celui-ci est le résultat du noyau en fer de notre planète, en fusion sous l'effet de la chaleur et de la pression. *Le cœur de l'Enfer.*

Déjà au début du XIXe siècle, la traque du Nord faisait l'objet d'expéditions en Arctique. Il est découvert par James Clark Ross, un explorateur de la Royal Navy britannique, le 1er juin 1931, à l'occasion d'une mission terrestre alors que son navire est pris dans la glace. Mais à peine avait-il marqué sa position d'un cairn de pierre et du drapeau de l'Empire que le vagabond s'échappa. La découverte permettait néanmoins de rendre les calculs de navigation maritimes plus précis, et l'on proposa d'anoblir l'explorateur, accueilli en héros à son retour. Ce qu'il refusa. De l'emplacement du nord magnétique, il dira : « La nature n'avait pas érigé ici de monument pour indiquer l'endroit qu'elle avait choisi comme centre d'un de ses grands et sombres pouvoirs. »

Naviguant dans les contrées glaciales de l'Arctique, traversant la Sibérie et les côtes canadiennes, les mouvements du nord magnétique ont encore une part de secret pour la communauté scientifique. En faisant référence à l'imprévisible, le Zodiac avait voulu brouiller les pistes et rendre la tâche plus ardue. Le Z32 n'était pas seulement un message chiffré, c'était un code dont la cryptographie n'était qu'une composante. Il renfermait en vérité un défi : la traque du Nord.

Non seulement il me faut donc retrouver la position du nord magnétique de 1970, mais je dois aussi la calculer comme le Zodiac a pu le faire, avec les informations connues à l'époque – et les approximations qui vont avec. Depuis les années 1970 et la lettre de menace du corbeau, nos connaissances scientifiques ont progressé, et on connaît mieux le champ magnétique et la position de son nord qu'il y a cinquante ans.

Un anachronisme est si vite arrivé.

Je finis par trouver mon bonheur dans les archives en ligne des organismes de géophysique. J'applique ce que j'ai appris, puis, au détour de quelques équations de trigonométrie, la traque prend fin, et comme à chaque découverte, un frisson me parcourt le corps.

Je t'ai trouvé.

Lake Tahoe

30 décembre 2020

— C'est le pôle Nord ici ! Vous n'avez pas mis le chauffage ?

— Tu sais pas de quoi tu parles, papa ! lance Flifla à mon beau-frère en me faisant un clin d'œil.

Il a vécu avec moi notre expédition sur les traces des explorateurs, et nous avons rêvé d'aventure ensemble à bord de vaisseaux intrépides partis à l'assaut de l'Arctique inhospitalier.

Il y a près de deux cents ans, des explorateurs de la Royal Navy localisaient le nord magnétique au péril de leur vie. Flifla et moi, nous n'avons pas quitté le confort du salon, alors que les températures ont du mal à grimper. Une fraîcheur inhabituelle habite les murs, et les frissons de ma première nuit blanche reviennent me hanter chaque fois que mon corps donne signe de fatigue. Mais nous avons enfin la méthode pour convertir et localiser les coordonnées géomagnétiques.

Les indices donnés par le Zodiac, et notre recherche du nord magnétique, m'ont convaincu que le Z32 n'est pas un code dont la résolution est purement cryptographique. Ni purement mathématique, déconnectée des éléments de l'enquête, puisque cela aurait impliqué qu'il fût impossible à résoudre. *À quoi bon l'envoyer à la police dans ce cas-là !* Donc, suivant l'idée initiale, je vais appliquer la clé de substitution du code Z340 :

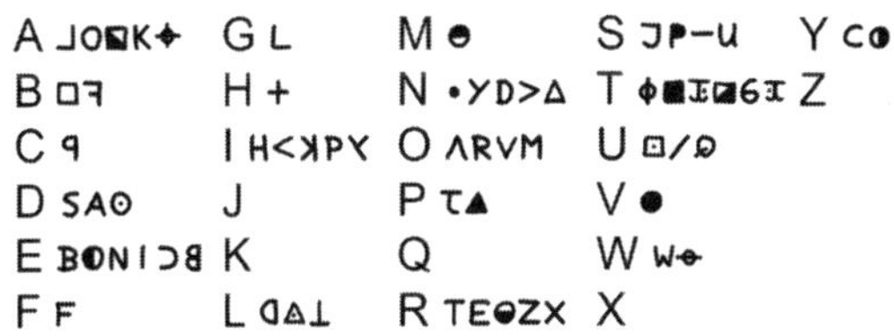

Je me retrouve avec une séquence de lettres, sauf pour les symboles du zodiaque Bélier (inversé) et Balance, qui se refusent toujours à livrer leur secret :

YNSETAI⊥DOBLΩAORT
RDFNOPTIYRGAIWN

Je décide de continuer à suivre mon intuition, et de sortir des sentiers battus, comme au premier jour. Les lettres obtenues ne révèlent pas grand-chose, si ce n'est quelques anagrammes qui m'intriguent, car on peut reconstituer sur la première ligne les mots NORT, EAST…

Je recherche une latitude et une longitude géomagnétiques, probablement composées de cinq chiffres chacune, ce qui fait une précision à cent mètres près environ – à l'échelle d'une rue, pas trop mal pour l'époque. Si des lettres dans le désordre peuvent être réarrangées en mots, c'est impossible pour des coordonnées qui sont composées de chiffres : aucun indice pour restreindre le champ des possibles à un nombre fini de combinaisons, une anagramme numérique serait introuvable. J'en déduis que la place des coordonnées est une donnée stable dans le code : dix chiffres qui se suivent !

L'observation de la deuxième ligne se termine en WN. *Comme dans West, North ?* Et si c'était un indice que le Zodiac avait glissé, indiquant que les coordonnées sont bien là, sur la deuxième ligne ?

RDFNOPTIYRGAIWN

Elles sont sous mes yeux, mais je ne sais pas encore les lire.

Une méthode simple pour décrypter les lettres de l'alphabet obtenues précédemment et les convertir en chiffres est de leur affecter la valeur de leur position dans l'alphabet. Ou de ne garder que les unités de leur position, pour corser éventuellement un peu les choses (l'équivalence aurait été trop évidente si le code n'avait pas dépassé la lettre J, la dixième de l'alphabet). Cette substitution donne :

YNSETAI⊥DOBLΩAORT
RDF 45.609 58.719 WN

Partant de la position reconstituée du nord magnétique et de ces coordonnées, je peux enfin vérifier si mon intuition m'a baladé. Et découvrir l'endroit où le Zodiac a caché la bombe qu'il comptait utiliser contre un bus scolaire. Mon cœur palpite.

— Taisez-vous ! hurle Flifla qui trouve que l'agitation autour de nous n'est pas digne de la solennité de l'instant. Allez, tonton ! Ça donne quoi ?

Alors que j'exécute le calcul pour placer ces coordonnées sur une carte, je me surprends à prendre mon temps. Je maintiens volontairement le suspense pour Flifla qui vit intensément notre quête. Il s'est accoudé sur mon épaule par-dessus laquelle il fixe l'écran. Car au fond de moi, je sais que la probabilité que je trouve un lieu significatif est infime, voire nulle. Mais j'ai envie qu'il vive le frisson que j'avais vécu la première fois, quitte à être déçu, comme la première fois. Je retarde le verdict pour profiter pleinement de l'instant.

Si ces chiffres – 45.609 N 58.719 W – sont une fausse piste, ils peuvent pointer n'importe où sur Terre, et le plus probablement dans un océan, dont la planète est recouverte aux trois quarts. Mon intuition se désintégrerait alors comme un vulgaire débris rentrant dans l'atmosphère. Mais, alors que je finis de reporter la traduction géographique de ces coordonnées – 38.930 N 119.984 W –, elles me font atterrir à huit cents mètres d'une école, au nord de la Californie.

À South Lake Tahoe.

Téléréalité

Juillet 1991

La présentatrice pose devant la maison où a eu lieu une perquisition dans la cave du suspect. Chez celui que les autorités ont toujours pensé être le Zodiac, sans pouvoir jamais le prouver.

Alors qu'en suivant la piste Allen le SFPD et le Department of Justice ont fait chou blanc, la police de Vallejo n'en démord pas. Plus de vingt ans après les meurtres, les enquêteurs ont obtenu un mandat qui les autorise à fouiller la maison de Fresno Street où Allen vit seul à présent, depuis la mort de sa mère deux ans plus tôt.

Les objets saisis à son domicile confirment que c'est un personnage louche, si toutefois le doute était encore permis après qu'il avait avoué le viol d'un enfant, ce qui l'avait condamné à l'hôpital psychiatrique. Le rapport de perquisition énumère une quarantaine de prises suspectes : au milieu des coupures de journaux, des armes à feu et des produits chimiques manifestement destinés à la fabrication de bombes, puisque quatre étaient même prêtes à l'emploi. Et la fameuse montre Zodiac, siglée du cercle barré d'une croix.

Malgré tout, pas un élément l'accablant dans le cadre de l'affaire du Zodiac. Aucune charge n'a été retenue contre lui. On ne retrouva ni trophée, ni cryptogramme, ni cagoule de bourreau, ni les armes du Zodiac.

Décidé à échapper définitivement à la traque dont il se sait l'objet, Allen a choisi les médias pour confier son sentiment de persécution. Son nom s'affiche partout, et pourtant son visage est fondu dans un contre-jour lorsqu'il témoigne sur la chaîne KGO-TV. Dans la cave où il vit, il est interrogé par Michael Finney.

— Ils ne m'ont pas arrêté parce qu'ils ne peuvent rien prouver !

Il est presque touchant, ce petit vieux qui n'aspire qu'à une retraite paisible de pêche et de lecture. Plan serré sur Michael.

— Arthur Leigh Allen : êtes-vous le Zodiac Killer ?

Le reporter, dont la coiffure ne frise pas, jette un regard de défiance sur Allen quand la question est posée. La mise en scène théâtrale laisse le temps au téléspectateur de mesurer le courage du journaliste qui s'est enfermé dans un tête-à-tête avec un dangereux criminel. Frissons. Réponse ? Non, une page de réclame.

La réponse de Leigh arrive après la publicité.

— Je ne suis pas ce satané Zodiac !

Casquette jaune canari sur la tête, Allen est filmé errant sur sa pelouse. L'homme marche en titubant. Il a cinquante-huit ans, on lui en donnerait trente de plus. S'il est bien le tueur du Zodiac, il ne terrifie plus personne. Souffrant d'un diabète qui s'aggrave, Arthur Leigh Allen meurt dans sa cave d'un arrêt cardiaque quelques mois seulement après ces interviews, le 26 août 1992.

Profitant de sa mort, la police de Vallejo obtient un second mandat autorisant la fouille de la résidence du défunt. On n'y trouve rien de bien nouveau, à l'exception d'une enveloppe scellée sur laquelle il est demandé qu'elle ne soit ouverte qu'après sa mort. Une confession d'outre-tombe… ?

Non. Même après sa mort, Arthur Leigh Allen clame son innocence et accuse les autorités de persécution. Son dernier mot n'a pas changé : il nie absolument être le Zodiac Killer.

The Beast

31 décembre 2020

Le grondement de la machine à café a dû réveiller Flifla. Le jour ne s'est pas encore levé quand il dévale les escaliers pour me rejoindre au rez-de-chaussée.

— Tu as bien dormi ? je demande en lui préparant une tartine.

— Hum… moyen. J'ai eu du mal à m'endormir, je pensais au Zodiac…

— Tu as peur ?

— Un peu… pas toi ?

Je ne sais pas. J'ai eu peur, au début. Je repense avec nostalgie à cette nuit sombre où je pensais avoir élucidé le mystère. L'excitation. L'adrénaline. Addictive. Aujourd'hui, le manque est physiologique. Depuis cette nuit blanche du 19 décembre 2020 et l'euphorie qui s'est ensuivie, j'ai connu une descente bien raide. Un *bad trip*.

Mais me voilà relancé. Cet atterrissage au Lake Tahoe m'a ressourcé. Installés dans le canapé, Flifla et moi respectons le silence qui s'impose à ceux qui luttent, avant une nouvelle journée de combat. Nous n'avons pas besoin de parler. Lui au moins ne me prend pas pour un dingue.

L'enjeu de notre recherche est de déchiffrer ce qu'il reste du code Z32 : deux symboles du zodiaque et une vingtaine de lettres désordonnées, qu'il suffit sans doute de réordonner pour en comprendre le sens. Ce Scrabble en vingt lettres version US, trois fois rien, a résisté à tous mes assauts, ma dernière anagramme se heurtant systématiquement à une lettre manquante, ou à une lettre en trop. La moindre feuille volante, la moindre serviette en papier présente dans cette maison a servi de support pour griffonner.

C'est long.

Notre silence n'est troublé que par les grincements d'un Rubik's Cube dont Flifla fait tournoyer les facettes à grande vitesse. Pour se changer les idées. Gauche, droite, droite, gauche… Les cases virevoltent dans un enchaînement de rotations rapides qui n'ont rien d'aléatoire. Il ne lui faut que quelques secondes pour venir à bout du casse-tête, et faire émerger du chaos un cube parfaitement ordonné.

— Bien sûr ! On va faire un programme informatique !

Flifla l'ignore, mais ses doigts viennent d'exécuter avec dextérité un véritable algorithme. Je prends la décision de remercier mes outils rudimentaires, et de changer de méthode. Après tout, un demi-siècle d'évolution technologique s'est écoulé entre la création du code et ce jour de décembre 2020. Certes, l'époque où sévissait le Zodiac a vu l'Homme marcher sur la Lune, un bond de géant pour l'humanité rendu possible grâce, entre autres, à la technologie qui équipait les salles de contrôle, les serveurs de calcul, les ordinateurs de bord de fusée et j'en oublie. Tout un arsenal numérique, mais à peine plus puissant qu'un smartphone de notre époque. *Pourquoi se priver ?*

Le nouveau plan ne demande aucune intelligence et peut se résumer en deux mots : *force brute*. Je vais écrire un programme qui testera toutes les combinaisons possibles de mots et de phrases à partir de ces vingt lettres. L'un de ces résultats sera forcément le bon.

Cette nouvelle entreprise a quelque chose de grisant. La sensation que le vent tourne et qu'il sera bientôt en notre faveur – le calme avant la tempête. Car rapidement, le programme, baptisé « The Beast » – la bête –, voit le jour. Humour de geek. Ce Hulk virtuel ne demande plus qu'à s'énerver.

Tout droit sorti du futur, un PC de *gamer* au look infernal lui sert d'exosquelette. Sur la table de la salle à manger trône cet ordinateur portable dont le design a dû s'inspirer des avions de chasse furtifs F22 Raptor. Le concentré de technologie est habillé d'une coque noire aux motifs rappelant les fibres de carbone utilisées en Formule 1, et une silhouette taillée à la serpe fait émerger ses arêtes agressives.

— Je peux appuyer sur le bouton, tonton ?

Touche *entrée*, lancement du programme. Le clavier s'illumine d'un rouge vif, donnant l'illusion qu'un magma en fusion coule dans ses entrailles. La bête prend vie et l'enfer se déchaîne. Les mots défilent sur l'écran à une vitesse folle. Les microprocesseurs délivrent toute leur puissance, le silicium surchauffe, et rapidement le vrombissement du système de refroidissement s'accélère. La table tremble.

Le sentiment de solitude que nous avions pu éprouver dans notre tâche laborieuse laisse place à l'excitation des petits garçons qui ont un nouvel allié invisible, un esprit surpuissant déterminé à craquer ce code. Mon regard étincelle sous les reflets de l'écran, alors que j'observe son œuvre et sa détermination sans faille. De nouveau la confiance nous gagne.

— Tu peux bouger ton bazar ? J'aimerais bien mettre la table.

Labor Day

2 janvier 2021

Alors que nous fêtons le passage à la nouvelle année, The Beast n'a eu droit à aucun répit. Cela fait trois jours qu'il essaie de craquer ce qui reste du code Z32. Jour et nuit, la machine tente toutes les combinaisons possibles – des millions – pour extraire le message secret.

Alors que tout le monde dort à l'étage, je descends dans la salle à manger. The Beast y a retrouvé sa place. Moi, je ne trouve pas le sommeil. Installé dans l'obscurité, j'ai les yeux rivés à l'écran sur lequel défilent les lettres, trop vite pour qu'un humain puisse les lire. Je me laisse hypnotiser. Fatigué.

Mais l'insomnie persiste.

Cela fait quinze jours que je suis obsédé par ce code. Dans un effort pour me consoler, ma sœur m'a rappelé plus tôt que le Z340 a demandé quinze ans de travail à l'équipe qui l'a craqué. Trois cent soixante-cinq fois plus. Hors de question pour moi, la vie est trop courte, et mes idées pour d'autres projets se bousculent déjà.

Je me résigne à la défaite, alors que le soleil froid de janvier se lève comme sur un champ de bataille. J'ai mis toute ma force dans cette lutte, j'ai frôlé la victoire. Je me suis perdu dans ma quête. J'ai négligé Alice et pas assez profité de Flifla.

Ma sœur reprend la route dans la matinée. Nos congés approchent de leur fin, et le retour inéluctable au réel menace. Quand la maison se vide brutalement, je débranche The Beast, à contrecœur.

Je m'effondre dans un fauteuil, et j'ouvre enfin le livre de Graysmith. Absorbé par notre traque, je n'ai pas pris le temps de le lire. Il est resté là, dans l'entrée. La première page du livre rappelle que le Zodiac aimait glisser des erreurs intentionnellement dans ses lettres, et notamment dans son premier cryptogramme, pour troubler les enquêteurs. Je m'arrête à la troisième page. « Il avait tendance à frapper ou à envoyer ses messages les jours fériés : 4-Juillet, Thanksgiving, Columbus Day, Noël, Halloween et Labor Day. »

Labor Day. L-A-B-O-R-D-A-Y.

Je connais par cœur les lettres du code, pour les avoir manipulées pendant des heures. Il n'y a pas de « L », dont la version cryptée est un triangle avec un point à l'intérieur. Il y a en revanche un « P » dont le symbole crypté est un triangle plein. C'était d'ailleurs une constatation qu'avaient faite les Harden en décryptant le code Z408 : une fois sur deux le corbeau utilisait un triangle plein au lieu d'un triangle avec un point. La réponse était dans l'introduction du livre !

J'attrape le marque-page et griffonne le code en remplaçant le P par le L.

YNSETAI⊥DOBLΩAORT
RDF 45.609 58.719 WN

Instantanément m'apparaît le mot DIABLO, en anagramme, entrecoupé des symboles du zodiaque Bélier et Balance. Faut-il y lire une correspondance volontaire avec le cadran astral que le Zodiac avait dessiné sur le mont Diablo sur la carte ? Il était numéroté, avec les chiffres 0, 3, 6 et 9 inscrits à chaque point cardinal, décomposant ainsi le cadran en douze sections, autant que de signes astrologiques. Ces chiffres, que je n'ai pas exploités jusqu'à présent, sont-ils un dernier indice ? Car en remplaçant les deux signes du zodiaque restants par les numéros associés à leur position dans le cadran, j'obtiens 1 et 7. Or la déclinaison du nord magnétique, qui change tous les ans et diffère d'un endroit à l'autre du globe, était précisément de dix-sept degrés en 1970 au mont Diablo. « À régler sur le N. Mag » : c'est ça !

Le Zodiac a glissé volontairement un piège dans le code, en inversant le triangle plein avec celui qui a un point, comme il l'avait fait dans ses précédents cryptogrammes. C'est donc pour cela que mon programme n'a rien pu trouver… Plus besoin de réveiller la bête, ni de chercher pendant des heures. Car enfin, les lettres se réarrangent facilement pour faire apparaître la solution du code Z32.

FIND 17 LABOR DAY 45.609 NORT 58.719 WEST

Victime 17

2 janvier 2021

Je ne mesure pas encore l'importance de la découverte. Naturellement je pense d'abord que le Labor Day est le 1er mai, date internationale de la fête du Travail, comme ici à Paris. Je découvre quelques heures plus tard qu'aux États-Unis le Labor Day est le premier lundi de septembre, qui marque la rentrée scolaire et l'arrivée de l'automne.

Censé guider les autorités vers une bombe enterrée, le code était arrivé en juin 1970, accompagné d'une lettre de menace qui résonne encore dans ma tête :

> *Maintenant l'école est finie pour l'été*
> *Vous avez jusqu'à l'automne prochain pour la déterrer.*

La bombe devait exploser à la rentrée scolaire. L'indication « Labor Day » coïncide donc bien avec la menace du Zodiac !

Le hic, c'est qu'il n'y a jamais eu d'attaque contre aucun bus. Ni au Lake Tahoe, ni ailleurs. L'Histoire a prouvé que le Zodiac avait bluffé. Heureusement pour les autorités, qui n'avaient pas décrypté le code avant la date fatidique.

Jusqu'à ce 2 janvier 2021, le seul lien entre l'affaire du Zodiac, dont les crimes ont eu lieu autour de la baie de San Francisco, et le Lake Tahoe, à trois cents kilomètres de là, était la Pines Card et sa mention énigmatique :

Pass Lake Tahoe Areas

Seul lien, donc, mais pas des moindres !

Arrivée six mois après la disparition de Donna Lass, la carte postale fut interprétée comme une revendication du meurtre de la jeune femme au Lake Tahoe, sans qu'un autre lien tangible puisse être établi entre les deux affaires.

À ce moment, j'ignore encore tout des détails de la disparition de l'infirmière. Mais j'apprends en fouillant dans les archives du journal local qu'elle a disparu à South Lake Tahoe, le week-end du Labor Day !

Les nuages se dissipent, et les mots du Zodiac commencent à prendre tout leur sens. Car dans son dernier courrier de l'été 1970, à quelques jours de la rentrée scolaire, le tueur avait retranscrit les paroles de la comédie musicale *The Mikado*, qui commençaient par cette phrase :

Il se peut qu'un jour une victime doive être trouvée.

« FIND 17 », soit « TROUVEZ 17 », ajoute la solution du code. L'intention du Zodiac n'était pas de tuer des écoliers à la rentrée scolaire, mais une jeune femme au Lake Tahoe, le jour du Labor Day. Dans cette même lettre, il revendiquait avoir déjà collecté treize esclaves qu'il torturait en enfer. La précédente annonçait douze victimes, et celle d'avant dix. Comme il était soupçonné de vouloir s'octroyer des meurtres qu'il n'avait pas commis, la fiabilité de son décompte avait été mise en doute : tout portait à croire que le tueur en série s'était lancé dans une surenchère macabre.

ADN

Il ne fait pas bon être *serial killer* à l'ère du séquençage ADN. L'empreinte génétique des criminels peut désormais être décelée à l'échelle moléculaire, dans les plus infimes quantités de fluides corporels : transpiration, salive, sperme… L'arme atomique de l'expertise judiciaire. Particulièrement efficace *a posteriori* dans les *cold cases*.

Les années 1970 et 1980 ont marqué l'âge d'or des tueurs en série, de Son of Sam au Golden State Killer. Ce dernier, trop négligent avec son patrimoine génétique, a été confondu le 25 avril 2018. Ainsi des prélèvements sur les scènes de crime, souvent des viols suivis de meurtres atroces, ont révélé l'identité du psychopathe après quarante ans de traque.

Bien qu'on ait attribué au Zodiac un mobile relevant du désordre sexuel, ses attaques étaient surtout des meurtres sanglants. Des exécutions en règle. Aucune de ses victimes n'a été violée, aucune n'a eu la chance de se défendre – sans quoi on aurait pu retrouver de l'ADN sous leurs ongles. Quant à la sueur… avait-il seulement transpiré ?

Sous le timbre d'une de ses lettres de raillerie, on retrouva un infime fragment d'ADN. L'animal à sang froid pouvait enfin être pris au piège de son propre ego.

À défaut de ses cryptogrammes, c'est son code génétique qui serait déchiffré.

Le *San Francisco Examiner*, quarante-deux ans après avoir reçu la première lettre du tueur qui hanta la Californie, ne se priva pas de vendre la peau de l'ours dans son édition du 18 mai 2001 :

VOICI LE ZODIAC

Sous le titre – taille de police 52 –, une photo d'Arthur Leigh Allen tout sourire.

Allen avait donné l'impression d'avoir toujours une longueur d'avance, déjouant toutes les expertises judiciaires : les empreintes, l'analyse graphologique, le détecteur de mensonges, l'analyse balistique de ses armes. Et même cet ultime pied de nez jusque dans la mort. Cette fois, il serait confondu. On ne bouderait pas la revanche, même posthume.

Il fallut attendre plusieurs mois pour que les résultats soient enfin connus. Puis ce fut la douche froide, encore une fois. L'ADN retrouvé sous le timbre n'était pas celui d'Arthur Leigh Allen. Ni celui de sa mère, qui après tout aurait pu prêter sa salive à son fiston. On raconta que la colle des timbres n'était pas à son goût et qu'il aurait sûrement fait lécher la vignette par un quidam. On dit aussi qu'il était bien trop intelligent pour laisser traîner son ADN… à une époque où la technologie n'existait pas…

C'est étrange comme, lorsqu'on se résigne à abandonner une théorie qu'on a précédemment défendue bec et ongles, il arrive que ses faiblesses nous apparaissent soudain dans toute leur évidence. Force est de constater aujourd'hui qu'aucune preuve matérielle ne permettait de connecter Arthur Leigh Allen aux crimes perpétrés par le tueur en série.

Arthur Leigh Allen ne ressemblait pas au portrait-robot du Zodiac. Le célèbre croquis représente un homme à la mâchoire fine, les joues légèrement creusées, cheveux en brosse et lunettes sur le nez. Il est difficile d'imaginer qu'Allen, cet homme au cou épais, à la face ronde et au crâne chauve en pointe, ait pu travestir son apparence de telle façon que le portrait-robot s'en éloigne à ce point.

Tous les suspects de l'affaire du Zodiac ont en commun de n'avoir contre eux que des preuves circonstancielles. Un lien avec une victime, une parole de travers, une vague ressemblance avec le portrait-robot… Allen est celui qui en avait aligné le plus. Aussi chanceux que le gagnant au loto qui a une chance sur vingt millions de remporter le jackpot en alignant cinq bons numéros.

Bien qu'il ait été le meilleur suspect, l'absence de preuve irréfutable a fini par éroder la popularité de cette thèse, laissant le champ à de nouvelles théories. Les vingt dernières années ont vu proliférer les spéculations de détectives improvisés, et la liste des suspects ne cesse de s'allonger, faisant de l'enquête une affaire tentaculaire et complexe, et éloignant la perspective d'une vérité facile à découvrir.

À moins qu'on ne parvienne à déchiffrer le code Z13, celui qui contient le nom du tueur.

My name is

2 janvier 2021

Le cryptogramme Z13, le plus court de tous, est arrivé dans la lettre du Zodiac du 20 avril 1970, adressée au *San Francisco Chronicle* :

> *Mon nom est*
>
> **AEN⊕⊗K⊗M⊗⊥NAM**

La réputation de ce code m'avait dissuadé de m'y attaquer en premier : on le dit inviolable. Et pour cause, il a résisté à tous les assauts pendant une cinquantaine d'années. Preuve que, de la simplicité, il n'a que l'apparence. À tort, on peut être tenté de penser que la solution est là, à portée de main. Peut-être même qu'en plissant les yeux on verrait apparaître… eh bien non, rien du tout. Cette formulation laconique d'un problème complexe me rappelle, toutes proportions gardées, les énoncés de défis mathématiques qualifiés de « problèmes du millénaire ». Souvent résumés en une phrase, ils sont d'une telle complexité que l'institut Claye offre un prix d'un million de dollars à quiconque fera la démonstration de leur solution.

Il me semble évident que le code Z13 ne peut être résolu avec des méthodes de cryptographie conventionnelles. Paradoxalement, c'est précisément sa brièveté qui le rend si difficile à déchiffrer. Il est si court qu'un grand nombre de substitutions pourraient fonctionner et donner un nom qui existe dans l'annuaire. On obtiendrait ainsi une liste tellement longue de suspects qu'elle serait inexploitable dans le cadre de l'enquête.

C'est ce que dit la théorie.

Mais la théorie est aveugle, prise dans une orthodoxie qui, je crois, la dessert : car le code Z13 ne peut exister indépendamment des autres codes. Il n'a pas été trouvé sur une serviette en papier dans un bar, ou sur le rabat de couverture d'un livre de bibliothèque. Non, il a été envoyé par le Zodiac : le même qui envoya le code de la bombe, et les codes des esclaves après la mort.

Cette même idée m'avait mis sur la voie pour craquer le code de la bombe, le Z32. Pourquoi ne pas l'utiliser à nouveau ?

Pendant que je télécharge vers ma chaîne YouTube la vidéo explicative de la solution au Z32, je m'attaque au Z13, avec un espoir malgré tout incertain. Comme je l'ai fait pour celui de la bombe, j'applique la clé de substitution découverte par les chercheurs du Z340, qui associe les symboles aux lettres de l'alphabet :

D R E A ⊗ A ⊗ O ⊗ ⅄ E D O

Les lettres que j'obtiens ne donnent rien de probant, et une nouvelle fois, il me reste sur les bras les signes du zodiaque, Bélier (inversé comme dans le Z32) et Cancer, qui ne sont pas décryptés par la clé de substitution.

Téléchargement de la vidéo : 5 %

C'est à ce moment-là que mon intuition sort de sa tanière. Elle m'électrise quand elle se diffuse dans tout mon corps. Je parcours de l'index chacun des symboles du Z340. Une première fois. Puis une deuxième pour être sûr. Je me jette sur le Z408, le tout premier code qui avait été résolu par les Harden, et je fais la même observation.

Donc celui qui se fait appeler le Zodiac n'a utilisé aucun des douze signes astrologiques dans ces deux cryptogrammes, qui sont pourtant les plus longs.

La raison en est simple, je l'ai découverte en travaillant sur le code Z32 : les signes astrologiques sont des chiffres, et les messages décodés dans le Z408 et le Z340 ne sont faits que de lettres.

Téléchargement de la vidéo : 35 %

Cette association d'idées déclenche une étincelle. *Et si maintenant je devais traduire le code en chiffres, avec la même méthode que pour le Z32 ?*

C'est un choc.

— Chérie !

Elle ne répond pas.

— Chérie !! Viens voir ! C'est incroyable ! Il faut que je partage ça, maintenant.

Elle marmonne au loin quelque chose d'incompréhensible. Ça ressemble à : « Je suis occupée », ou « Je suis saoulée ».

— Vite !

— Mais quoi ?! J'arrive !

Je l'entends qui se rapproche, puis la vois arriver les bras chargés de bûches qu'elle a apportées du garage. *Elle est saoulée.*

— Tu as fini de charger ta vidéo ? Vivement que tu passes à autre chose…

— Chérie, regarde ! J'ai appliqué exactement les mêmes étapes que pour le code de la bombe, et j'arrive à ça :

4 8 5 1 4 1 4 5 4 1 5 4 5

— Oui, et quoi ?

— C'est quand même bizarre, tu ne trouves pas ? Ce n'est pas du tout naturel, ces chiffres qui se ressemblent. À part le 8, ce sont les mêmes qui se répètent…

— Oui, j'allais te le dire, c'est bizarre, mais c'est quoi ces chiffres ?

— C'est le dernier code, je suis à ça – deux doigts – de la solution…

— Cool, ben, tu me diras si tu trouves son nom. Je vais faire à dîner.

Puis elle file vers la cuisine.

Les deux dernières semaines ont été spéciales, depuis que le Zodiac s'était infiltré dans nos vies. La collision avec le réel de cet univers sombre, aux airs cinématographiques, m'avait propulsé dans une dimension parallèle. Les souvenirs que j'en garderai plus tard seront des flashs superposant scènes de crime, scènes de film et scènes du quotidien. Une projection de clichés découpés, non, tranchés dans diverses époques.

Alice en paie le prix, car je suis souvent ailleurs, et elle, seule. Cela se ressent d'autant plus depuis que ma sœur et sa famille sont reparties ce matin. Mais je suis aveuglé par ma quête et, dopé à l'adrénaline, je me replonge dans le décryptage du Z13. *Tu n'es pas loin, je sens ta présence.* Je frémis à cette pensée.

Téléchargement de la vidéo : 65 %

Les chiffres qui viennent de se révéler m'intriguent, car ils font écho à une méthode de cryptographie inventée au début du XXe siècle par un Français, Félix-Marie Delastelle. Je l'ai découverte quelques jours plus tôt, quand je me suis pris de passion pour l'art du secret : le chiffrement Trilitère. Celui-ci consiste à coder chaque lettre de l'alphabet par un triplet de chiffres. On y utilise les trois mêmes chiffres pour tout l'alphabet, permettant ainsi vingt-sept combinaisons : les vingt-six lettres, et l'espace. Ainsi, A = 111 ; B = 112 ; C = 122 ;... ; Z = 332 est un exemple d'application de chiffrement trilitère. Mais on peut utiliser d'autres chiffres à la place de 1, 2 et 3 – par exemple 1, 4 et 5.

Avec la séquence 4851414541545, il y a à première vue un chiffre de trop : le 8. Pour le reste, cela y ressemble fortement ; mais ça paraît aussi trop facile, car découvrir cette succession de chiffres n'a pris que quelques minutes en déroulant la méthode du Z32. *Oui, tu n'es vraiment pas loin. Cette séquence n'est pas anodine, c'est un indice. Tu joues.*

Téléchargement de la vidéo : 85 %

Le chiffrement Trilitère présente une analogie très forte avec l'encodage binaire en électronique, qui convertit les lettres en chiffres, des 0 et des 1. Cette idée fait remonter de vieux souvenirs, quand je m'étais intéressé à la programmation de puces électroniques, adolescent, à Mohammedia. L'une des méthodes d'encodage binaire utilisait non pas les valeurs des tensions, mais les écarts entre les tensions électriques. Peut-être que le Zodiac avait fait de même ? Et en calculant la différence absolue entre chaque chiffre, je tombe de ma chaise :

434 333 113 411

— Wow ! je m'exclame.

C'est beaucoup trop régulier pour que ce soit le fruit du hasard. Le 8 serpentueux a disparu. Tout comme l'une des constellations du zodiaque, si chères à l'esprit *peace and love* des années 1970, avait été supprimée des signes astrologiques : la damnée treizième constellation du Serpent. Le tueur n'avait pas seulement crypté son nom, il l'avait dissimulé dans l'espace entre chaque chiffre. La cryptographie s'était retrouvée dans une impasse, car le Zodiac avait eu recours à un autre subterfuge de dissimulation : la stéganographie, ou l'art de dissimuler en plein jour.

Téléchargement de la vidéo : 99 %

Et voici mon esprit qui divague, où résonnent les mots d'une correspondance supposée entre George Sand et Alfred de Musset dissimulant à quelque valet indiscret leur désir fougueux.

Cher ami,
Je suis tout émue de vous dire que j'ai
bien compris l'autre jour que vous aviez
toujours une envie folle de me faire
danser. Je garde le souvenir de votre
baiser et je voudrais bien que ce soit
une preuve que je puisse être aimée
par vous. Je suis prête à montrer mon
affection toute désintéressée et sans cal-
cul, et si vous voulez me voir ainsi
vous dévoiler, sans artifice, mon âme
toute nue, daignez me faire visite

Plus ardent qu'il n'y paraît, pour qui sait lire entre les lignes, d'une phrase l'autre… Le Zodiac, lui, exigeait que l'on lise plutôt entre les chiffres. Le code – qui faisait treize caractères au début – se résume maintenant à quatre lettres, qui se révèlent enfin à la lumière de la méthode de Delastelle :

434	333	113	411
K	A	Y	R

Hmm ? Tu déconnes ?

Je suis déçu. Ce n'est ni Arthur, ni Leigh, ni Allen. KAYR, ça me fait vaguement penser à un des nombreux suspects dont j'ai lu le nom quelque part, sans y accorder d'importance : Kane, Lawrence Kane.

— Alors t'as trouvé quelque chose ?

— Je suis dégoûté… je pensais que c'était bon.

— Mais c'est quelqu'un, ça, KAYR ?

— Personne. Ça ressemble juste vaguement à Kane, un des suspects…

— Ah bon ? Ils l'avaient arrêté ?

— Je ne sais pas… je ne sais rien de ce type.

Google. L-A-W-R-E-N-C-E K-A-N-E. Touche entrée.

Je trouve des sites dédiés à Lawrence Kaye, *aka* Kane.

— Son nom officiel est KAYE ! je crie.

— Tu y es presque, chéri, dommage pour le R.

— Attends… (Je fais défiler la page web.) Regarde, il utilisait des noms d'emprunt : Kane, Kay…

— C'est intéressant, tu penses qu'il l'a fait exprès, ce R ?

— Oui, c'est possible… Une dernière astuce pour dissimuler son nom !

Ou tu as pu faire une erreur, ce code est plus complexe qu'il n'y paraît.

— On passe à table ?

— Chérie, c'est lui.

— Qui, lui ?

Non seulement Lawrence Kaye était soupçonné d'être le Zodiac, mais il habitait à Lake Tahoe et était le suspect principal dans la disparition de Donna Lass, survenue le week-end du Labor Day.

— Lawrence Kaye est le Zodiac !

Épilogue

3 janvier 2021

La quête est arrivée à sa fin, et le temps s'arrête. *J'ai élucidé l'affaire du Zodiac,* me murmure une voix intérieure. Avant que la raison ne me rappelle à la nuance : je suis sûr de moi à « seulement » 99,9 %.

Le code qui révèle l'identité du Zodiac Killer, après cinquante ans de traque, vient de me livrer son nom. Le nom de l'inconnu qui a traumatisé les écoliers et fait paniquer les parents dans tout le nord de la Californie pendant des mois. Le nom de celui qui a abattu les adolescents de Vallejo, de celui qui a assassiné la petite Betty Lou, seize ans.

J'en ai perdu l'appétit.

Au milieu de la nuit, je viens de finir une deuxième vidéo, qui explique la résolution du code Z13. Il fallait donc d'abord la clé de substitution du code Z340, découverte en décembre 2020, puis traduire les lettres en chiffres, et enfin remplacer les signes astrologiques par leur position dans le cadran du zodiaque. J'avais appliqué machinalement les étapes qui avaient fonctionné sur le Z32 au Z13, éprouvant ainsi la méthode, et terminé par un déchiffrement de Delastelle.

Appliquées au code de la bombe, ces étapes m'avaient mené à South Lake Tahoe, à plus de trois cents kilomètres de San Francisco, loin des lieux des crimes connus – là où disparut Donna le week-end du Labor Day. Appliquées au code « *My name is* », elles m'ont indiqué un des suspects : le seul qui ait habité au Lake Tahoe. Et le principal suspect dans la disparition de l'infirmière.

J'avais cherché à exploiter tous les indices : le mont Diablo, le cadran du zodiaque et sa numérotation, la mention « À régler sur le N. Mag. », le post-scriptum sur les radians, et la clé du Z340 – la clé de voûte. Et comme les pièces d'un puzzle qu'on a fini d'assembler, ces éléments dressent finalement un tableau cohérent.

Et même si, les indices étant sujets à interprétation, le doute est raisonnable, une telle concordance de signes est une aubaine dans une affaire criminelle. Le Zodiac avait explicité que ce n'était pas un problème purement cryptographique en donnant l'instruction suivante à propos de la carte du mont Diablo : *« La carte associée à ce code vous indiquera où se trouve la bombe. »* C'était un jeu de piste. Et sa trace conduit tout droit vers Lawrence Kaye, un des principaux suspects de l'affaire Donna Lass.

Je me connecte au forum le plus fréquenté de ceux dédiés au Zodiac, auquel je me suis inscrit il y a quelques jours, et publie le lien vers la vidéo de solution du Z13. J'ai posté plus tôt celle du Z32, et il faut que la dernière apparaisse rapidement, car les résolutions des deux codes sont complémentaires : c'est ce qui les rend plausibles et démontre que leurs conclusions ne peuvent pas être le fruit du hasard.

En attendant les premières réactions, je file me préparer un thé pour tenir – la nuit promet d'être longue. La vapeur chaude au parfum mentholé emplit mes poumons, et je me sens libéré de ma mission quand je laisse filer un long soupir. La pression qui retombe. Le retour à une vie normale, enfin.

Que va-t-il se passer maintenant ?

Rien. De retour devant mon écran, il ne se passe rien. Le modérateur du forum, qui règne en maître sur son royaume, a effacé ma publication d'emblée :

> *Désolé, j'ai supprimé ton message car nous avons une politique contre les publications de solution au Z13. Il est trop court, et il est impossible à résoudre sans plus d'informations de la part de son auteur.*

0,1 % : cette marge laissée par le doute et qui permet tout – y compris la censure par le dogme qui, sourd et aveugle, écrase l'intuition et la logique.

III

Larry et Sarah

Septembre 1942

— Kane ! Ouvrez cette putain de porte !

Le major Smith tambourine à la porte de son propre bureau dans lequel Lawrence Kaye, *aka* Kane, s'est enfermé. Le jeune homme de dix-neuf ans s'y est introduit pour téléphoner gratuitement, s'économisant ainsi quelques *cents*.

— Allô ! Maman ?

Le combiné reste muet.

— Mère ?

Un silence.

Le souffle de la respiration dans le combiné trahit la présence de la mère à l'autre bout du fil. Larry préférerait un silence plein, dû à un problème technique qui lui aurait épargné un frisson désagréable dans la nuque. Il le sait, elle refusera de lui répondre tant qu'il n'utilisera pas le nom par lequel elle lui intime l'ordre de l'appeler.

— Sarah ? tremble-t-il.

— Larry ? C'est toi, mon chéri ? s'étonne-t-elle.

La distance entre l'école militaire de Chicago et le quartier de Brooklyn, où vit la mère de Larry, semble se ressentir jusque dans l'intonation de sa voix – quand ce n'est pas dans les silences, que Sarah exploite sans états d'âme. Son fils est si naïf, il croit à des problèmes de liaison téléphonique.

— Tu as la voix de ton père, mon fils chéri. Qu'il aille au diable. Tu me manques, tu ne m'écris pas.

Kane sait que ce ne sera pas facile d'annoncer la nouvelle à sa mère. Il s'y était attendu. Il a préparé jusqu'aux moindres détails une plaidoirie qu'il va lui balancer d'une traite.

— Mère… Sarah. Depuis que j'ai rejoint l'armée, j'ai changé, pose-t-il en introduction, le souffle court. Je ne suis plus l'enfant que…

— Tu es encore mon fils, que je sache ! Tu as oublié comme j'ai souffert pour que tu quittes mon ventre ? Non, non, moi je n'ai pas oublié mon Larry, mon fils !

Larry est le seul enfant qui lui reste. Son autre fils, Bertram, est mort de la coqueluche à dix mois. Larry a eu plus de chance.

Un autre silence s'installe, espace ample dans lequel sinue et gonfle un sentiment de culpabilité. Son besoin d'émancipation le ronge, mais il ne peut pas lutter.

— Il y a une fille, c'est ça ? s'inquiète la voix douce. Tu peux me le dire, je suis ta mère, mon chéri. Ça ne te ressemble pas d'oublier ta mère. Même cette vieille fouine de Mme Andrews a remarqué qu'elle me montait moins souvent le courrier. Elle a demandé de tes nouvelles, je ne savais pas quoi lui dire. Tu trouves que c'est normal ?

— Ce n'est pas que ça. Larry s'écarte du chemin qu'il avait balisé dans sa plaidoirie. Je veux juste…

— Alors c'est quoi ? l'interrompt-elle. Je vis seule, et pendant que tu…

— Elle s'appelle Eileen, maman ! Le garçon craque.

— Oh non, oh non !

Les petits sanglots, courts, hoquettent à l'autre bout du fil.

Puis un silence.

— C'est qui, elle ?

— Elle est chanteuse, tu l'as sûrement vue dans…

— Une traînée ! Mon fils qui se fiance avec une traînée ! Tu n'as rien, pas d'argent, tu n'es même pas beau, mon Larry… Qu'est-ce qu'elle te veut ?!

— Rien. Enfin, je crois que…

— Tu ne sais rien ! Personne ne connaît ces… Ah ! Ces filles sont incapables de… Elle est Bélier ? Lion ?

Anéanti, Larry s'affale à même le sol, dissimulé derrière le bureau contre lequel il s'est adossé pour ne pas s'effondrer. Il n'aime pas énerver sa maman, mais il aime Eileen.

— Elle est Sagittaire, mais…

— Un signe de Feu, j'en étais sûre ! s'emporte-t-elle, excédée par la naïveté de son fils. La traînée… Si encore tu m'avais dit Taureau comme toi. Ou comme moi ! Ou n'importe quel autre signe de Terre… Tu cours à la catastrophe ! Ce genre de fille flirte avec le premier venu, méfie-toi, mon garçon. Méfie-toi !

Larry se recroqueville, alors que l'agitation s'amplifie de l'autre côté de la porte. Il l'a bloquée avec une chaise, mais ils la défonceront tôt ou tard.

— Il ne me reste plus beaucoup de temps. Je vais rentrer à la maison.

Un silence qui suinte la satisfaction traverse le combiné.

— Tu es sûr ? Je sais bien me débrouiller seule, ce n'est pas parce que ton père nous a abandonnés que…

Larry n'a plus la force. Terrassé, il n'écoute plus. Il tire de la poche de son blouson une photographie d'Eileen. L'image est écornée, tant il l'a baladée avec lui ces derniers mois. Son pouce caresse le morceau de carton.

— Oui, j'en suis sûr. Tu me manques.

— Tu es bien le fils de ta mère, va, ça ne m'étonne pas, un bon fils !

Sahara Tahoe

Juillet 1973

La Torino noire et blanche du sergent Harvey Hines freine péniblement devant l'entrée de service de l'hôtel-casino Sahara Tahoe, mettant à l'épreuve les amortisseurs fatigués de la vieille auto.

— Tu es sûr que c'est ici ? s'inquiète Eddy, le jeune coéquipier.

— Oui, j'ai eu la cheffe d'équipe au téléphone tout à l'heure.

— Tu parles d'une descente de police ! J'ai pas signé pour entrer par la petite porte.

— On en a déjà parlé, Eddy…

— Oui, oui, j'ai compris, on reste discrets, soupire le gamin, en claquant la portière derrière lui.

Sous un soleil de plomb, le sergent Harvey Hines jette un œil à sa montre. La Timex, dont le verre rayé ne facilite pas la lecture des aiguilles, l'accompagne depuis une quinzaine d'années. Tous les ans il reçoit une nouvelle montre à son anniversaire, mais son poignet est resté fidèle à cette antiquité.

— 15 h 10, elle ne devrait plus tarder ! hurle-t-il pour couvrir le tapage des marteaux-piqueurs et le bourdonnement des engins de chantiers voisins.

Au milieu de l'après-midi, à l'arrière du casino, l'envers du décor offre un spectacle moins glamour que celui que promettent les enseignes lumineuses une fois la nuit tombée.

Stateline, dans le Nevada, petite sœur de Las Vegas, sort de terre. Trois casinos ont été construits ces dix dernières années, et d'autres sont en chantier. Alors que le Harrah's vient d'être inauguré de l'autre côté de la route, un quatrième *resort* est en cours.

Interdits en Californie – sauf dans les réserves indiennes –, ces marchands de fortune se sont installés à la frontière, côté Nevada, pour profiter de l'afflux de touristes venus visiter le Lake Tahoe.

Elvis Presley s'est produit au Sahara Tahoe pour quelques dates cette année. Sa prestation n'a pas suscité grand enthousiasme. Le King, dont on dit qu'il aurait grossi à cause d'une addiction aux médocs, manquait d'entrain.

Au milieu des chocs métalliques, un grincement et le bruit sourd d'une porte en fer massive qu'on déplace. Puis une voix rauque qui les accueille :

— Ça vous dérange si j'en grille une avant qu'on démarre ? lance la quadragénaire aux deux policiers.

— Sergent Harvey Hines, voici mon collègue Eddy Ray, lui répond Harvey, en offrant la flamme de son briquet. Vous êtes madame Margaret… ?

— Appelez-moi Maguy, je déteste qu'on m'appelle autrement.

L'instruction est donnée avec l'autorité qu'elle se permet avec son équipe, au sein de l'hôtel.

Eddy lance un regard interloqué à son coéquipier expérimenté, dont la mine impassible l'invite à se garder de tout commentaire. Il observe l'employée du casino, enveloppée dans une blouse blanche bien trop étroite.

— Et cette épave, fait-elle en désignant d'un coup de menton la voiture des officiers, c'est votre « Harvey's Wagon » ?

La référence à l'hôtel-casino du même nom, à un bloc de là, échappe entièrement aux deux hommes, qui ne goûtent pas le trait d'humour.

Le jeune policier examine le visage rond de Margaret, dont la peau luit au soleil, malgré une épaisse couche de fond de teint – peut-être, pense-t-il, visant à dissimuler quelques crevasses, vestiges d'une acné sévère à l'adolescence.

— Merci Marg… Maguy, pour votre temps, se contente de répondre Harvey Hines, dont la patience s'est construite sur de longues années d'expérience, dont sept passées uniquement à la police de Sonora.

La petite ville de trois mille habitants, où siège le comté de Tuolumne, se trouve à mi-chemin entre Lake Tahoe et San Francisco.

Les petits doigts de Margaret catapultent le mégot de cigarette, qui vole sur deux ou trois mètres, avant de s'écraser contre le pneu arrière de la voiture des policiers :

— Suivez-moi.

Puis elle file à l'intérieur, telle une moufette dans son terrier, forçant Harvey à se jeter sur la porte pour la retenir avant qu'elle ne claque devant lui. L'employée fait parcourir aux policiers un dédale de couloirs de service d'un pas pressé, bien que lesté d'énormes sabots blancs qui fendent l'air.

— Vous avez quinze minutes avec elles, soit exactement la durée de leur pause. Elles ont accepté de répondre à vos questions sous couvert d'anonymat, aussi je vous prie de respecter ces conditions. Pas de questions trop personnelles non plus, ou j'interromps la discussion.

Harvey et Eddy suivent en silence Margaret qui, dans un monologue pressé, énumère les conditions de l'entretien qui va avoir lieu avec les anciennes collègues de Donna. Puis elle s'arrête net et se retourne face aux policiers qui manquent de la renverser :

— Si vous voulez mon avis, elle s'est tirée avec allez savoir quel client sur lequel elle a mis le grappin. Y a du beau monde qui vient claquer son argent ici, vous savez.

Puis, sans transition, elle sort une feuille de papier pliée en quatre d'une de ses poches :

— Tenez, voici une copie de son rapport d'activité.

On demandait aux infirmières de l'hôtel-casino d'enregistrer sur un formulaire l'ensemble de leurs interventions. Le 6 septembre à 1 h 50 du matin, soit dix minutes avant la fin de son service, Donna avait marqué :

Le patient se plaint de

La mention manuscrite s'achève par un trait vertical qui traverse la page jusqu'à son rebord inférieur. Comme si Donna avait été brutalement arrachée à sa tâche, pense Harvey. La théorie de Maguy ne tient pas la route…

— Je les connais ces filles de la campagne, moi ! Pour peu qu'elles soient mignonnes, blondes ou Dieu sait quoi, elles s'imaginent qu'elles peuvent venir et se servir. Je parle de nos hommes, hein ! Quand, bien sûr, elles ne sont pas là à rêver d'Europe. Comme si elles étaient trop bien pour nous !

— Vous l'avez fréquentée ? demande Harvey, qui se replonge dans les notes de son carnet.

Ses informations indiquent que Maguy était arrivée en poste après la disparition de Donna.

— Fréquentée ? Vous m'avez prise pour qui ?! Non, mais je connais ces filles-là, c'est tout. On y est !

Elle les fait entrer dans un minuscule cagibi aménagé en bureau où les attendent deux employées visiblement nerveuses. Ni les photographies de dauphins qui tapissent les murs ni les sculptures en porcelaine et en cristal du cétacé qui jonchent le bureau de Margaret ne les réconfortent.

Hines interroge les anciennes collègues de Donna, dans l'espoir de découvrir une piste. Un suspect sur lequel enquêter. Maguy ne peut s'empêcher de lever les yeux au ciel chaque fois qu'elles mentionnent la douceur et la naïveté de l'infirmière disparue.

— Tu en penses quoi ? demande Eddy à Harvey en sortant du bureau.

Ce dernier garde le silence jusqu'à ce qu'ils soient raccompagnés à leur véhicule et qu'ils se retrouvent enfin seuls. Sous ses lunettes en métal, ses yeux clairs habituellement éteints brillent d'une lueur qui perce à travers son regard quand il lui répond :

— Allons voir qui est ce Kane.

FBI

6 janvier 2021

J'ai pris la décision à mon réveil de contacter les fédéraux. Il est 19 heures, cela tombe bien, il doit enfin être 10 heures à San Francisco. Je viens de boucler mes derniers dossiers et je peux mettre un terme à cette interminable attente. Je dois informer le FBI.

La découverte de l'identité du tueur avait coïncidé avec la fin de mes vacances de Noël. Le retour à une vie plus ou moins normale a été brutal. En télétravail forcé à cause de la pandémie, je suis retourné à mon quotidien de consultant, sans quitter les pièces dans lesquelles j'avais traversé des décennies d'enquête criminelle à l'autre bout du monde.

Je m'enferme dans mon bureau, car le moment est solennel. J'ai besoin de ce cadre propice à la concentration. Les murs anthracite sont réchauffés par quelques tapisseries orientales et une toile aux teintes argile, éclairée par un spot dont le faisceau orangé fait danser les silhouettes de deux femmes africaines. Dans un coin trône une chaise de réalisateur chinée aux puces, surplombée d'une photographie vintage d'un bombardier à hélice américain. Point de délicatesse au sol, le béton est brut.

Je m'interromps dans mon élan lorsque je m'aperçois que du FBI, je ne connais que le nom. Et qu'il n'a rien d'une police de proximité. Les photos que je trouve sur Internet du building franciscanais du Bureau en imposent. Massif, aux lignes verticales, tapissé de nombreuses fenêtres dont je suppose que le verre est pare-balles.

Je prends une grande inspiration, et compose le numéro d'appel réservé aux « *tips* ». Cette ligne permet à la population de fournir les informations pouvant aider dans une enquête. Rapidement, je me rends compte que le glamour d'une discussion passionnée avec un agent spécial qui boira mes révélations n'aura pas lieu. Ce scénario laisse place au réalisme des temps modernes. Car je suis accueilli par un serveur vocal très loquace.

Je navigue dans les dédales de sa logique, touche 3, touche 2, touche 4… Les réflexes acquis au jeu *Snake* ne sont jamais mis en échec. J'atteins mon but, le boss de fin : une téléopératrice.

— Nom et date de naissance ?

Passé les mondanités d'usage, j'ai toute son attention. Et moi, j'ai perdu ma concentration. Merci, *Snake*. La voix tremblante, je ne sais plus par où commencer.

— Je vous écoute, s'impatiente-t-elle.

Je me lance, et déballe tout, dans un anglais hésitant. Je ne suis pas interrompu, et mon interlocutrice n'a pas de questions. Je tente de m'enquérir de son intérêt :

— Ça va ? Je suis clair ?

— Oui monsieur, poursuivez.

Tout y passe, des coordonnées géomagnétiques au chiffrement Trilitère, en passant par l'encodage binaire, avec force détails.

Un fou. Non pas elle qui me le dit, mais sincèrement, c'est l'image que je me donne de moi-même à cet instant. Comment peut-elle prendre au sérieux ce type sorti de Dieu sait où qui pense avoir réussi là où les plus fins limiers du FBI ont échoué ? Ma santé d'esprit a-t-elle quitté cette dimension ?

Une chose est sûre : ce 6 janvier 2021 fera date. Au moment même où je livre mes conclusions au FBI, la voix tremblante, le Capitole des États-Unis d'Amérique est pris d'assaut par des milliers de partisans radicaux du président battu à la dernière élection. Les forces de l'ordre tentent de sauver la démocratie de la première puissance mondiale, et je sers la solution d'un *cold case* vieux de cinquante ans à une téléopératrice qui en a vingt-cinq.

— J'ai fini.

La téléopératrice prend mes coordonnées, et je n'attends plus qu'une chose : qu'un agent du FBI me rappelle.

Harvey Hines

1976

Malgré une nuit de sommeil agitée, Harvey Hines a lacé ses chaussures de course pour fouler le bitume encore frais. Il a pris l'habitude de faire un jogging quotidien au lever du jour depuis qu'il a soufflé sa quarantième bougie, deux ans plus tôt. Cette fois-ci il a pris de l'avance, sa montre affiche 4 h 15.

Comme tous les matins, le policier au physique athlétique et sec a quitté la ville de Sonora pour faire une boucle d'une dizaine de kilomètres. Le goudron, puis rapidement la terre, défilent à vive allure sous les Tigers fatiguées du policier. Malgré leur usure, Harvey leur reste loyal, qu'il vente ou qu'il pleuve, à l'image de ces cavaliers fidèles à leur monture qui, un siècle plus tôt, bravaient les éléments pour acheminer le courrier à travers le pays.

Secrètement, quand il attaque sa course, il se rêve dans la peau de Joseph Cartwright. Héros de la série télévisée *Bonanza*, il incarne à l'écran le courage de cow-boys fantasmés, chevauchant au vent, messagers solitaires du Pony Express, que Mark Twain avait dépeints dans une fresque flamboyante au sein de ses journaux de voyage.

Sans arme ni répit, allégés de tout fardeau qui ne fût utile à leur mission, d'intrépides messagers chassaient la gloire, lancés au galop à travers la nature sauvage, mettant à l'épreuve leur bonne fortune. Leurs fiers destriers étaient choisis pour leur vitesse, descendants d'étalons aussi beaux que nerveux.

Cette seule pensée lui donne assez de souffle pour avaler la côte de Hope Lane en quelques secondes.

Et même si l'histoire du Pony Express a été rapidement écourtée par l'arrivée du télégraphe, Harvey éprouve une nostalgie pour cette époque qu'il n'a pas connue. Il se reconnaît dans l'esprit d'aventure du défunt service de courrier, et s'identifie à ses vaillants messagers solitaires.

La solitude, sentiment qu'il ressent d'ailleurs fréquemment, et qu'il aime presque aussi souvent. La complexité du monde lui semble si artificielle, fruit de jeux de pouvoir et d'influence pour lesquels il n'a que peu de considération, et guère plus de compréhension, oubliant même de temps à autre qu'ils existent, quitte à parfois en payer le prix. Son franc-parler et son honnêteté lui ont valu quelques inimitiés au sein de la police.

Alors qu'il entame la descente par Lyons Street, il ferme les yeux, pour mieux sentir le vent qui embrasse son visage pendant que sa foulée ailée s'accélère. Tel Hermès, messager des dieux, Hines va porter aujourd'hui une information de grande importance. Et au bout l'attend la gloire, trophée ultime pour un homme d'honneur.

Il s'émeut, comme à chaque sortie matinale, quand il aperçoit l'éclairage délicat de la ville poindre au bout de la route. Les maisons abritent des foyers qu'il a promis de protéger et de servir. Il a traversé les ténèbres en solitaire ces trois dernières années, sur les traces du tueur en série le plus recherché de l'État.

Ses pensées s'évanouissent, alors que son dernier sprint puise dans ses ultimes ressources physiques et mentales. Harvey Hines est exalté par la perspective de la dernière ligne droite, celle d'une traque qui touche à sa fin.

Ce jour sera à marquer d'une pierre blanche. Le policier pense avoir trouvé qui est le Zodiac : ses soupçons portent sur un certain Kane. Il a rendez-vous à 7 heures avec le capitaine Conway de la police de Vallejo pour présenter son rapport.

K.

Comme tous ceux qui ne se sont intéressés à l'affaire du Zodiac qu'à travers le film, mon attention s'était d'abord portée uniquement sur Arthur Leigh Allen.

Ce sont les codes Z13 et Z32 qui m'ont orienté vers une piste secondaire, celle de Lawrence Kaye, que tout le monde appelle Kane. Grâce à eux, je découvre une facette de l'affaire du Zodiac qui m'est inconnue. Une version différente de celle qui a été projetée dans des milliers de salles de cinéma. Loin de l'effervescence de la baie de San Francisco, un policier d'une petite ville pensait avoir identifié le *serial killer*, et résolu le mystère de la disparition de Donna.

Harvey Hines avait été intrigué par cet homme qui changeait régulièrement de pseudonyme : Larry King, Lawrence Barton, Larry Kay, Larry Cane ou Kane… C'est par ce dernier qu'on le désigna pendant des années, sur les forums spécialisés, tout comme dans le rapport de Hines. Pourtant aucun de ces noms n'était tout à fait le sien. L'homme, né Lawrence Klein, a changé de nom à dix-sept ans. Il est devenu Lawrence Kaye et a toujours brouillé les pistes.

Hines remarqua que les quatre premières lettres du code Z13 faisaient apparaître le surnom K-A-N-E, dans le désordre. Et qu'en admettant que le symbole du Bélier rappelle un Y, alors on pouvait presque lire *MY NAME KANE*.

AEN⌖⊗K⊗M⊗⊥NAM

Trop facile pour être vrai, ont dit les experts, qui ignoraient eux aussi la véritable identité du suspect. Indice prémédité, ou fruit du hasard, ce n'était de toute façon pas son véritable nom qui se lisait, mais son pseudonyme favori. Le nom qu'il offrait en façade dans la vie réelle, Kane, dissimulait en vérité dans ce code celui qu'il était vraiment : Kaye. Je suis tenté d'y voir une autre de ses farces, une métaphore du jeu qu'il a entretenu sur son identité.

Inconnu des enquêteurs du SFPD, l'homme avait pourtant un casier judiciaire chargé. Il avait été mêlé à des affaires d'escroqueries, de vols mais également de voyeurisme. Une pratique à laquelle certains *profilers* des années 1970 pensaient que le Zodiac s'adonnait, compte tenu de son mode opératoire… et de son écriture ! La manière dont le tueur dessinait certaines lettres indiquait qu'il était « impuissant, et observateur plutôt que participant au sexe », d'après William F. Baker, graphologue et psychologue diplômé du San Jose State College. L'expert dressa le profil psychologique du Zodiac dès 1969 dans les colonnes du *San Francisco Examiner* :

> *La forte inclinaison à gauche des lettres inférieures dénote l'hostilité de la mère et une enfance malheureuse. Si l'on pousse ce trait plus loin, on trouve un homme qui a peur des femmes et les déteste. Si l'on pousse ce trait à l'extrême, on obtient un homme capable de tuer des femmes pour se venger de sa mère.*

Kane, qui a quitté l'armée à cause d'une relation affective tourmentée avec sa mère, semble avoir le profil !

C'est d'ailleurs ce passage de Lawrence Kaye par l'armée, à dix-neuf ans, à la Radio Material School de la Navy, qui lui aurait donné des connaissances en cryptographie. On y enseignait des techniques avancées et secrètes : codes, électronique, navigation… N'y entraient que les lauréats de l'Eddy Test, une épreuve d'aptitudes intellectuelles sélective dont le taux d'échec dépassait les 95 %. Kane l'aurait donc réussi.

À trente-huit ans, à la suite d'un accident de voiture, il subit des lésions cérébrales permanentes. Il en garda des séquelles psychologiques irréversibles. Une analyse psychiatrique avait conclu qu'il souffrait d'un trouble du contrôle des impulsions.

Je découvre le parcours chaotique de cet homme à travers l'enquête de Harvey Hines et les recherches des *sleuths* qui se sont passionnés pour la vie du suspect. Le policier, lui, avait même interrogé des témoins.

Kathleen, la rescapée d'une rencontre malheureuse avec le Zodiac, avait été formelle auprès de Hines : son ravisseur était Kane. Confinée dans la voiture près de deux heures avec l'inconnu, elle avait eu le temps d'observer son visage à la lueur de la pleine lune.

Et Donald Fouke, l'un des deux policiers qui avaient contrôlé le tueur du chauffeur de taxi avant de le laisser filer, déclara à Hines que de toutes les photos qu'il avait eues à voir, celle de Lawrence Kaye était celle qui lui rappelait le plus le Zodiac.

Hines retrouva l'adresse de Kane, qui habitait à cette époque dans le Theater District de San Francisco : à cinq minutes du croisement entre Geary et Mason, le point de départ de la dernière course de Paul Stine !

Le suspect avait déménagé au Lake Tahoe au même moment que Donna, à l'été 1970, pour travailler dans le même hôtel que l'infirmière qui avait disparu seulement quelques jours après. Difficile de croire à un hasard de calendrier : des amis de la jeune femme ont rapporté qu'il l'avait déjà rencontrée, à San Francisco.

Je ne peux m'empêcher de remarquer que Kane – ou Cane – a délibérément choisi un pseudonyme qui se prononce comme Caïn, en anglais. Certains ont poursuivi leurs parents en justice pour les avoir prénommés de la sorte ! Fils d'Adam et Ève, Caïn est considéré comme le premier meurtrier de l'humanité selon la mythologie biblique, pour avoir tué son petit frère Abel. Kane, lui, a perdu son frère de dix mois quand il avait six ans, dans un contexte familial conflictuel. Connaissant le goût du Zodiac pour le symbolisme mythologique, je suis intrigué par cette coïncidence. S'il avait connaissance de la doctrine gnostique des Caïnites, une secte qui place en haute estime ce fils d'Adam et Ève, cela peut-il expliquer qu'il se soit lui-même considéré au-dessus des lois des Hommes ? Selon cette doctrine antinomiste, les humains ne sont rien de plus que des esclaves de la morale religieuse, du matérialisme et de l'orthodoxie. *Les esclaves que le Zodiac collecte pour sa vie après la mort ?*

Ce que j'apprends sur Lawrence Kaye me laisse d'abord sans voix. J'en parle autour de moi, à mes amis, à mes collègues. Et la même question revient toujours : *Pourquoi Lawrence Kaye n'a-t-il jamais été arrêté ?*

Tales of the City

Dans les ruelles de San Francisco, la Ford Mustang Fastback s'engage dans une course-poursuite explosive. Sous un soleil de plomb, la flèche verte étincelante est lancée à l'assaut de sa cible dans un vrombissement qui fait trembler les façades des maisons victoriennes. La détermination du policier se lit sur ses sourcils froncés, et son regard s'est illuminé d'une étincelle prédatrice.

Il veut savoir qui est à bord du véhicule en fuite. Il veut l'avoir.

Les coups de volant et les crissements de pneus tatouent l'asphalte. La traque est sans répit. L'air s'emplit de l'odeur de gomme brûlée, le métal hurle et les enjoliveurs virevoltent. Les autos qui rebondissent dans les côtes de Frisco dansent comme dans un ballet. Une course-poursuite chorégraphiée.

C'est bien de cela qu'il s'agissait. Une séquence de cinéma. Dix minutes du film *Bullitt*, sorti en 1968 et dans lequel Steve McQueen interprétait un policier *borderline* inspiré de David Toschi, avant même que celui-ci ne soit rendu célèbre par l'affaire du Zodiac. Il lui emprunta la manière de porter son revolver : l'étui du holster inversé pour dégainer rapidement.

À Hollywood, le corbeau a inspiré des films, alors qu'il était toujours en liberté. En 1971, c'est Clint Eastwood qui interprète un « *Dirty Harry* » sur la trace du Scorpio Killer, un ersatz du Zodiac qui avait pris en otage un bus scolaire.

Réciproquement, les correspondances du tueur étaient truffées de références cinématographiques quand il revint hanter les inspecteurs, trois ans après la Pines Card et une longue période de silence :

> *J'ai regardé* L'Exorciste *et je pense que c'est la meilleure comédie satirique que j'aie jamais vue.*

La même année 1974, qui avait vu le réveil du monstre, il s'était ému d'une publicité pour le film *Badlands*, qui racontait les meurtres en série d'un jeune couple sur fond de *love story* :

> *À la lumière des événements récents, ce type de glorification de la violence est au mieux déplorable.*

Signé « un citoyen ». Le corbeau, qui ne demandait plus qu'on l'appelle Zodiac quand il remonta sur scène, était reconnaissable à son sarcasme. Et de toute évidence, il aimait les salles de spectacle… Quelques heureux innocents s'étaient certainement retrouvés assis à côté de lui pendant quatre-vingt-dix minutes, dans l'obscurité, à jouer à se faire peur devant un film d'horreur. Sans même se douter que Lucifer avait partagé un accoudoir avec eux.

Lorsqu'il ressurgissait des limbes, on ne savait pas s'il avait continué de faire des victimes entre deux manifestations épistolaires. Comme si tuer n'avait été qu'une lubie, et se faire appeler Zodiac un caprice passager.

Bien que l'enquête ait été au point mort, David Toschi continua d'inspirer les histoires de flics. Armistead

Maupin en a fait un héros dans ses *Chroniques de San Francisco* (*Tales of the City*), publiées en 1978 dans les pages du *Chronicle*.

La même année, alors que Toschi restait le seul chargé de l'enquête au SFPD, le journal avait reçu un courrier inattendu :

> *Cher Éditeur,*
> *Ici le Zodiac qui vous parle. Je suis de retour parmi vous.*
> *Ce cochon de Toschi est bon mais je suis plus intelligent et meilleur que lui.*
> *J'attends un bon film sur moi. Qui jouera mon rôle ?*

Maupin remarqua que la lettre présentait des similitudes avec d'autres courriers qu'il avait reçus et qui faisaient l'éloge de l'inspecteur. Les aveux du principal intéressé ne s'étaient pas fait attendre : David Toschi, enquêteur principal dans l'affaire du Zodiac, avoua les avoir écrits lui-même. Mais il nia être l'auteur de cette dernière lettre, bien que son authenticité fût remise en question par les experts. On lui retira l'affaire, et il fut muté dans la foulée.

Neuf ans après avoir traqué sans répit le tueur en série le plus énigmatique de Californie, le policier vedette tomba en disgrâce.

American Tourister

1986

— Monsieur Sullivan va bientôt vous recevoir, chuchote l'assistante en refermant derrière elle la porte du bureau, provoquant le souffle si caractéristique des pièces insonorisées, qui donne l'impression qu'elles sont pressurisées.

Cette information aurait suffi à consoler Harvey si la secrétaire n'avait agrémenté la fin de sa phrase d'un sourire de compassion. Avant de se sauver d'un pas pressé, redoublant involontairement le malaise qu'elle voulait lui épargner.

Installé sur un banc en bois depuis quelques heures, le policier lui a répondu d'un hochement de tête avant de se laisser retomber en arrière contre le mur.

Les yeux rivés sur l'horloge qui affiche déjà 9 h 37, il est comme hypnotisé par la trotteuse dont le tic-tac résonne le long du couloir blanc du Department of Justice de Californie. On lui avait donné rendez-vous à 7 h 30, à Sacramento.

Les mains moites et les doigts nerveux, il tapote un air de cavalerie sur son briefcase posé sur les genoux. Un American Tourister qui lui a été offert mais dont il s'est très peu servi. Trop voyant pour un policier de terrain.

Nulle occasion plus propice à son emploi qu'aujourd'hui donc, car il renferme les preuves qui permettront d'inculper le tueur le plus recherché du pays. Vingt ans après les meurtres du Zodiac, c'est le Department of Justice qui coordonne l'enquête.

Harvey a troqué son uniforme pour un élégant costume gris en laine. Trop chaud pour la saison. La douceur de l'automne n'est pas la seule raison pour laquelle il transpire. Ce jour marquera enfin un tournant dans sa carrière.

Cela fait déjà dix ans qu'il pense tenir le nom du tueur. Le temps a filé depuis qu'il a présenté son rapport au capitaine Conway de la police de Vallejo. Mais le rapport en question n'a pas fait beaucoup de remous. Avec le recul, Harvey éprouve de la compassion pour l'homme plein d'espoir qu'il était en 1976. Avant que la bureaucratie et les guerres de juridiction n'ensevelissent ses espoirs d'arrêter le tueur en série. À présent, il ne rêve même plus de reconnaissance : simplement de se délivrer de son obsession.

Le souffle de la lourde porte met fin à son supplice. C'est l'agent John Baxter qui se tient dans l'encadrement :

— Harvey ! Toujours en forme à ce que je vois ! lance-t-il au policier qui se lève brusquement.

Pris au dépourvu, Hines répond par un sourire et un balbutiement inaudible. D'une flexion d'index, John l'invite à le suivre à l'intérieur.

La décoration du bureau tranche avec la sobriété des parties communes. Le linoléum a laissé place à une moquette beige ornée d'une frise de lauriers qui fait le tour de la pièce. Le papier peint a été recouvert de panneaux en bois décoratifs qui créent une atmosphère chaleureuse.

Harvey a eu raison de se nouer une cravate autour du cou. L'intimidant fauteuil en cuir capitonné trône derrière un bureau massif en bois de cerisier foncé.

— On tient notre homme ! s'exclame M. Sullivan en pénétrant dans la pièce par une porte attenante, s'essuyant les mains dans un mouchoir qu'il enfonce dans la poche de son pantalon.

— Ah, vous avez lu le rapport ! se réjouit Hines, en se redressant sur la chaise.

— Ah oui… votre rapport… Écoutez, Harvey, c'est un excellent travail, mais ce n'est pas votre gars qui a fait le coup.

Hines manque de s'effondrer, une bouffée d'angoisse l'asphyxie. L'a-t-il seulement lu, son rapport d'enquête ?

— C'est un type de Vallejo, on connaît le gars, ça fait un moment qu'on essaie de le pincer.

M. Sullivan s'assoit sur le rebord du bureau, dominant Hines qui s'est enfoncé dans un des fauteuils réservés aux invités. Puis il passe la parole.

— John ?

L'agent Baxter se tient debout, appuyé d'une épaule contre la fenêtre dont les stores sont en permanence fermés. On se croirait dans une planque à la frontière mexicaine. Les bras et les jambes croisés, il se tient face à un Harvey encore sonné et dont la vue troublée balaye à toute vitesse les étagères qui surplombent le trône qui lui fait face. Il cherche une ancre à laquelle fixer son attention, au milieu des cadres photo, entre une figurine d'ours et un drapeau américain miniature. Il étouffe, dans cette atmosphère chargée d'eau de Cologne.

Baxter balance sur le bureau une pochette en carton dont des feuillets glissent à l'atterrissage, laissant paraître le portrait du suspect.

— Arthur Leigh Allen. 1 m 85 pour 110 kg. Un beau bébé ! Déjà condamné pour agression sexuelle sur mineur. La police de Vallejo n'a aucun doute sur…

— Merci, John, l'interrompt Sullivan. Puis il marque un silence comme pour laisser à Hines le temps de reprendre ses esprits.

— Écoutez, Harvey, l'agent Baxter et moi-même pensons que cette affaire est déjà bien assez compliquée. Votre type, Kane, ou… peu importe son nom, ce type est louche, c'est clair. Mais ça ne fait pas de lui un tueur, et encore moins le Zodiac.

À cette sentence Hines est saisi d'un vertige, et le jugement résonne, sans appel. C'en est trop pour lui, qui pousse sur les deux accoudoirs métalliques pour se relever, remerciant d'une voix tremblante ses interlocuteurs. Alors qu'il se traîne hors de la pièce, il croit entendre Sullivan qui l'interpelle une dernière fois :

— Qu'est-ce qui vous a fait croire que vous pouviez réussir là où les meilleurs ont échoué, Harvey ?

Aquarius

« Hey bébé, c'est quoi ton signe ? Une fille comme toi, tu dois au moins être Bélier ! »

Croyez-le ou non, c'est le genre d'accroche qui avait cours pour draguer en club à la fin des années 1960. Bien qu'ancestrale, l'astrologie avait connu un regain d'intérêt jusqu'à la fin de la décennie suivante, dopée par le mouvement New Age. Et un soupçon de LSD.

Je ne m'étais pas immédiatement intéressé à la composante astrologique de l'affaire du Zodiac, pensant d'abord qu'il s'agissait d'une fantaisie de la part du tueur. Mais avec le recul, la question n'était pas de savoir si j'accordais moi-même de l'importance à l'influence des astres sur notre personnalité, ni si j'avais envie de faire le thème astral du Zodiac ; mais plutôt de comprendre comment cela avait pu influencer son mode opératoire.

En attendant des nouvelles du FBI, un soir où Alice était sortie dîner avec des amies, j'ai décidé d'enquêter sur la popularité de l'astrologie dans les *sixties*.

Point de départ : Google. *Et un petit verre pour ouvrir les chakras.*

À la fin des années soixante, l'astrologie était partout. Sur les flyers de soirées, les publicités pour le whisky, et même dans les livres de recettes. La quête de sens astral, refuge spirituel dans une période tourmentée, s'exprimait jusque dans les cuisines.

L'idée se répandit que l'humanité rentrait dans une nouvelle ère astrologique de connaissance, de liberté et de solidarité : « *the Age of Aquarius* » – l'Ère du Verseau. Elle suivait l'Ère des Poissons, celle du dogme et de l'orthodoxie, qui aurait enfermé les Hommes depuis deux mille ans.

Le Verseau, représenté par un porteur d'eau, est un symbole des valeurs humaines de fraternité et de non-conformisme qui furent véhiculées par la mouvance hippie. L'Ère du Verseau est pleinement entrée dans la culture populaire à partir de 1968, avec la comédie musicale *Hair*. *« This is the dawning of the Age of Aquarius, the Age of Aquarius, Aquarius ! Aquarius ! »* (« C'est l'aube de l'Ère du Verseau »), chantait la troupe en chœur, en ouverture du spectacle. L'engouement qu'il créa pour la symbolique du Verseau fut tel qu'à la NASA on baptisa « Aquarius » le module lunaire qui fit office de radeau de sauvetage pour l'équipage malchanceux de la mission Apollo-13. Sur Terre, vous pouviez vous offrir, pour 29,95 dollars, l'Aquarius 2000, une machine qui vous dessinait la carte du ciel du jour de votre naissance et prédisait votre avenir. La popularité du spectacle et son influence furent planétaires. Qui n'a jamais fredonné « *Let the Sunshine* » ?

Scotché devant ma page Wikipédia, je me dis qu'un tueur qui se fait appeler Zodiac et qui tue près de l'eau (Lake Herman, Blue Rock Springs, Lake Berryessa et Lake Tahoe), quand on chante l'entrée dans l'ère astrologique du signe Aquarius… c'est une coïncidence étonnante. Qui semblerait ridicule si le Zodiac n'avait affiché un goût singulièrement prononcé pour les spectacles et le théâtre.

Ok, il me faut un petit remontant !

Le tueur avait déjà fait référence à *The Mikado*, se prenant pour Ko-Ko, ce bourreau des couples qui flirtent. Si la pièce de Gilbert et Sullivan avait pu influencer le choix de ses victimes, s'était-il aussi inspiré de *Hair* pour le choix des lieux ? La question du lien entre le Zodiac et l'eau, déjà posée en 1970, était restée sans réponse.

Vérification faite, la date de sortie de *Hair* semble coïncider avec le calendrier du début des meurtres : le show avait conquis Broadway dès avril 1968, puis Los Angeles six mois plus tard, en novembre. L'assassinat de Betty et David à Lake Herman avait eu lieu le mois suivant, en décembre.

L'Aquarius Theater de Los Angeles – l'ancien Moulin-Rouge – avait été décoré d'une fresque monumentale pour le lancement du spectacle, représentant les douze signes du zodiaque en cercle autour de Ganymède, esclave androgyne de Zeus, versant l'eau de la connaissance sur le monde. De l'eau, il y en avait partout.

Sauf dans mon verre.

Soudain, j'ai une idée. Et je reconnais les effets physiologiques de l'intuition, avec lesquels je me suis familiarisé ces dernières semaines. Quand elle se répand dans mes veines tel un psychotrope. Je n'ai rien avalé de la journée, ni pris de *space cake* au petit déjeuner. Simplement une décharge d'adrénaline acidulée qui se diffuse dans tout le corps.

J'explore les archives du Theater District à la recherche des dates de représentation de *Hair* à San Francisco.

Je découvre que le spectacle était à l'affiche à partir d'août 1969 au Geary Theater.

Geary Theater. Ce nom me dit quelque chose.

Direction Google Maps. Je manque de tomber de ma chaise. La salle de spectacle se situe au croisement de Geary et Mason Street. C'est là que Paul Stine a embarqué le Zodiac dans son taxi. Mais surtout : c'est *Hair* qui était joué, ce soir-là, dans cette salle.

C'est en partant de là que le chauffeur de taxi avait transporté le tueur et roulé vers l'est, avant d'être exécuté dans le quartier du Presidio, à mi-chemin entre la salle de spectacle et l'appartement de Donna sur Balboa Street. Le Zodiac s'était ensuite enfui vers le nord, avant de disparaître dans un parc à proximité de l'hôpital Letterman, où travaillait l'infirmière.

Craignant que mon enthousiasme ne me fasse perdre le fil de l'investigation, je me suis noté à propos de *Hair* un mémo sur un bout de papier :

Lire les paroles des chansons.

Je vais finalement faire mieux que ça : les écouter. Rapidement je comprends leur succès. Dès le premier morceau – « *Aquarius* » – la musique et les chœurs me plongent dans les *seventies*. Je quitte ma chaise et me laisse porter par la mélodie, vibrant au rythme des basses. L'immersion dure deux ou trois minutes, puis la playlist bascule sur la deuxième chanson de l'album, bien plus rock. Mon verre me glisse des doigts et explose au sol quand j'entends les paroles du deuxième morceau :

Oh Donna oh oh Donna oh oh oh
Looking for my Donna
I just got back from looking for Donna

David contre Goliath

1992

Six ans se sont écoulés depuis le rendez-vous de Harvey Hines au Department of Justice. Alors que l'enquête de la police de Vallejo s'est embourbée dans la piste Arthur Leigh Allen, l'officier a le plus grand mal à se faire entendre. Jusqu'à sa rencontre avec l'écrivain Ryder McDowell, qui va lui offrir une tribune dans le *San Francisco Chronicle.*

Comme dans de nombreuses intrigues où il est question de complots, de conflits d'intérêts et de vérités qui luttent pour être percées à jour, le policier et l'ancien journaliste se sont donné rendez-vous dans un lieu public : un Denny's. La neutralité du lieu rime avec sa banalité. Ne dites pas cela au patron du restaurant. La chaîne de *diners* américains se vante d'avoir le petit déjeuner le plus demandé des États-Unis, le « Grand Slam », et pour cause, la réclame est alléchante : deux pancakes moelleux, des œufs, deux tranches de bacon et deux saucisses pour 1,99 dollar.

Mais Harvey n'a pas d'appétit.

— Bonjour, je m'appelle Sally, je peux prendre votre commande ?

— Un café, s'il vous plaît, lâche Hines qui peine à déglutir tant il a la gorge serrée.

— Un thé glacé et… des *onion rings* pour moi, commande l'écrivain.

Harvey tente de contenir son émotion quand il livre tous les détails de ses vingt ans d'enquête, dont une bonne partie empiéta sur son temps personnel. Non sans conséquences sur sa vie de famille. Quand on passe autant de temps à suivre une piste, elle finit par vous hanter, au point d'y consacrer ses soirées et ses week-ends. Puis vous divorcez.

Le policier est allé d'espoirs en déceptions, au fil de ses rendez-vous avec les diverses juridictions. Fraîchement retraité, il n'est aujourd'hui plus tenu à son devoir de réserve. Il pense que les médias sont le dernier moyen de pression sur les forces de l'ordre pour qu'elles arrêtent enfin le coupable. Il en est sûr, c'est Kane. Quelle que soit l'intensité de sa conviction, ct peu importent les indices qu'il a accumulés, il se heurte aux certitudes des autres. Le plus dur pour lui est de trouver une oreille attentive. Il n'est pire sourd que celui qui ne veut entendre.

Peut-être Hines avait-il par le passé espéré que l'arrestation du Zodiac propulse sa carrière. Qu'elle fasse triompher sa candidature à l'élection du shérif du comté de Tuolumne. Bien sûr, il n'en fut rien. On demanda même sa démission à la suite d'une affaire de bavure policière lorsqu'il dénonça le coupable. On l'attaqua de façon répétée sur sa crédibilité… et sa santé mentale.

« Pourquoi les forces de l'ordre n'ont-elles pas saisi la balle au bond ? Parce que chacun avait ses propres suspects. Il y avait tant de rivalité entre les services », fulmine-t-il auprès d'un autre journaliste.

Les années défilèrent, et malgré ses interventions médiatiques, Hines continua de sombrer progressivement dans l'indifférence. Le policier athlétique des années 1970, élégant dans son uniforme noir étincelant, laissa peu à peu place à un retraité usé par la frustration et des années d'un combat inégal. « Personne ne prend ceci au sérieux parce que je ne suis personne. Je n'ai pas d'intérêt direct dans cette affaire, et personne n'imagine ce qu'un flic d'une petite ville peut accomplir, confiait-il à la télévision. Si tout échoue, alors j'écrirai un livre. »

Hines est mort en septembre 2009. Lawrence Kaye, qui avait changé officiellement de nom une fois encore pour devenir Lawrence Cane, est mort neuf mois plus tard. Comme si la traque du policier avait maintenu le criminel en vie, alimentant sa soif de frisson et de jeu. Dès lors que son principal adversaire avait disparu, et personne n'ayant repris le flambeau, le jeu était terminé. *Game over.*

Peut-être que je devrais l'écrire, ce livre.

Breaking News

Au crépuscule de leurs vies, nombreux sont les enquêteurs à regretter de n'avoir jamais coincé le tueur du Zodiac. Ni même appris qui il était. David Toschi est mort en 2018, hanté par le dossier qui fit basculer sa carrière. D'autres figures emblématiques de l'affaire se sont éteintes doucement, comme le soleil se couche sur les pins de la sierra Nevada, rafraîchissant l'atmosphère, et l'affaire du Zodiac est bientôt devenue un *cold case* emblématique.

Lorsque je débarque de façon inattendue dans cet univers, je suis un parfait inconnu. Je n'ai pas acquis de lettres de noblesse en ayant servi dans la police, ni dans la Navy, et encore moins dans le renseignement. Je vis à dix mille kilomètres de l'épicentre de l'affaire, et je n'étais pas encore né que le Zodiac s'était déjà évanoui dans la nature.

Depuis la mort de Hines, la nature humaine n'a pas changé, elle n'écoute que les messagers qu'elle pense être dignes d'être entendus. Mes tentatives d'échange avec les décrypteurs du Z340 se sont heurtées au silence. J'ai besoin de conseils, car en dehors de la *hot-line* du FBI, mon accès aux autorités est plus que limité. Sans parler des déplacements impossibles dans un monde qui s'est confiné.

Alors que je suis coincé dans ma salle à manger, le doute qui me rongeait en tant que novice en cryptographie s'est doublé d'un questionnement très lucide : suis-je toujours sain d'esprit ? Je me raccroche aux messages de soutien de quelques-uns de mes pairs, pourvu qu'ils soient bien réels :

Intéressant, as-tu songé à partager ta solution avec l'équipe qui a résolu le code Z340 ? Ce serait dommage que tu aies résolu l'affaire et que cela ne soit pas partagé largement.

Oui, j'y ai songé, mais ils ne m'ont jamais répondu.

Le téléphone sonne. C'est Nicolas, le journaliste du *Point*. Une semaine s'est écoulée. *Déjà !*

— L'article va sortir demain. Je voulais préciser avec vous quelques points à propos des codes. Vous dites que vous avez résolu deux ou… trois codes ?

Cela faisait quelques semaines que je cherchais à faire connaître mes découvertes, et à attirer l'attention du FBI. La stratégie médiatique s'était imposée comme dernier recours, car mes tentatives de prise de contact s'étaient soldées par des échecs. Comme Hines avant moi, j'avais contacté des journalistes en espérant que cela fasse progresser la cause. Elsa, mon avocate, avait organisé la rencontre dans son cabinet. En grand introverti, l'exposition médiatique est pour moi une roulette russe, et je me fais violence. Les règles du jeu sont claires : il n'est pas question que je lise l'article avant sa publication, et encore moins de proposer un angle. Les journalistes ne sont pas des attachés de presse, me fait savoir mon frère.

Breaking news. L'article sort et de nouveau l'adrénaline se libère dans mes veines. J'en tremble encore. Mais en France, la nouvelle est relayée timidement, ce n'est pas l'affaire Grégory. Puis, le 24 juin 2021, le *New York Times* épingle l'information en une, aux États-Unis comme dans son édition internationale. L'information est vérifiée : des chercheurs en cryptographie pensent que les résultats sont plausibles et que les autorités devraient investiguer.

Les experts du Zodiac, que j'avais en vain tenté d'intéresser, sortent enfin de leur silence :

> *Ce titre est trompeur et irresponsable. Des milliers de décodages différents existent pour les deux derniers cryptogrammes du Zodiac, mais aucun n'a été confirmé. C'est juste le plus récent qui n'a pas été confirmé.* – David Oranchak

— Maman, c'est quoi, le seum ? demande Flifla, qui a capté une partie de la conversation avec ma sœur.

L'affaire du Zodiac n'est pas un problème mathématique. Car à moins de rattacher matériellement Lawrence Kaye aux crimes, même une résolution du code Z13 ne fait pas de lui le coupable devant la justice. Mais lorsqu'une résolution plausible désigne un individu qui fut un suspect de premier plan, c'est au minimum une piste à vérifier. Affirmer qu'elle est comparable à des milliers de noms d'un annuaire téléphonique pourrait s'apparenter à de la mauvaise foi… L'enjeu n'est même pas la beauté du sport intellectuel, il est de rétablir la justice. Et même s'il ne dit mot, je sais que cette fois le FBI m'a entendu.

Comme ç'avait été le cas pour Harvey, mon intuition m'avait soufflé en janvier que la Pines Card renfermait elle aussi un dernier message codé. Pas un de ceux dont un mathématicien trop sûr de lui dirait qu'ils sont impossibles à vérifier. Plutôt un de ceux qu'on déchiffre, telle une expression sur le visage d'une personne qu'on a trop fréquentée.

Alors que les journaux du monde entier reprennent l'information du *New York Times*, je reste discret sur la découverte qui fut pour moi la plus terrifiante. Quelques jours après avoir trouvé la solution aux deux derniers codes, le Zodiac s'était invité à ma table pour un dernier jeu de piste.

Eldorado County

13 septembre 2021

Ça sonne à l'autre bout du fil.

— Bureau du shérif, merci de patienter.

La disparition de Donna à South Lake Tahoe relève de la juridiction du comté d'Eldorado. Contrairement à ce qu'il s'est passé avec la hot-line du FBI, cette fois-ci j'ai affaire à un humain d'entrée de jeu : c'est l'avantage quand on contacte une police locale. Je suis surpris, mon cœur n'y était pas préparé. L'attente n'est pas bien longue, une trentaine de secondes tout au plus.

— Bureau du shérif du comté d'Eldorado, merci d'avoir patienté. Que puis-je faire pour vous ?

La voix de la téléopératrice est engageante. Je me livre.

— Bonjour madame, pardonnez mon anglais, je vous appelle de Paris et ce n'est pas ma langue maternelle.

Elle s'en fiche.

— J'ai des informations qui pourraient aider à résoudre une affaire, Donna Lass, disparue il y a cinquante ans.

— Je vous mets en relation avec le dispatch. Bonne journée.

Je n'ai pas le temps d'en placer une qu'elle transfère l'appel. Bip, bip.

Alors que résonne la musique d'attente, je me demande ce que le dispatch va bien pouvoir faire des informations que je m'apprête à lui donner. M'enfin, on verra bien. Lorsque finalement la communication est reprise par une autre personne, je me prends à imaginer Halle Berry faisant claquer son chewing-gum et me demandant quelle est mon urgence.

— Monsieur ?

Je me répète :

— Bonjour madame, pardonnez mon anglais, je vous appelle de Paris et ce n'est pas ma langue maternelle.

Encore un silence.

— J'ai des informations au sujet de la disparition de Donna Lass.

— Quelle est l'adresse de votre amie ?

— Ce n'est pas mon amie. C'est une personne qui a disparu dans les années soixante-dix.

— Vous dites que votre amie a disparu en 2017 ?

— Non, je veux dire il y a cinquante ans. C'est un *cold case*, je crois que je peux vous aider à le clôturer…

— Ah, je vois. Je vous mets en relation avec les archives.

La musique d'attente, cette fois un vieux disque de country, me plonge un demi-siècle en arrière. La qualité sonore se dégrade tellement que j'ai l'impression de passer sous un tunnel. Sans aucun doute, mon interlocutrice m'a mis en relation avec un service au quinzième sous-sol, et le tunnel est un puits sans fond. Quand soudain une voix joviale reprend la communication.

— Bonjour et bienvenue aux archives, que puis-je faire pour vous ?

— Bonjour madame, pardonnez mon anglais, je vous appelle de Paris et ce n'est pas ma langue maternelle.

Tout le monde s'en fiche. J'avais pensé que cette introduction mêlant courbette et référence à la Ville Lumière amadouerait mes interlocuteurs, créant un lien plus informel qui aurait pu me gratifier d'une attention particulière. Il n'en est rien.

— OK… euh… J'ai des informations au sujet de la disparition de Donna Lass. On ne l'a plus revue depuis un jour de septembre 1970.

Pendant cinquante ans, la famille de la disparue, principalement sa sœur, a remué ciel et terre pour tenter de trouver une explication à sa disparition.

— Comment vous dites ?

— Donna Lass.

— Vous pouvez l'épeler ? Quel est son nom ?

Visiblement, même aux archives, on a oublié la pauvre Donna.

— D-O, double N, A.

— Et son prénom ?

— Ah pardon… je me suis emmêlé les pinceaux… Son prénom c'est Donna. Et donc son nom c'est Lass, L-A-S-S.

— Ok, je regarde dans les microfilms, et je vous reprends.

Les « microfilms »… Moi qui pensais qu'on n'en trouvait que dans les films d'espionnage. Alors que la musique country s'éternise en boucle, je crois à une blague. « *C'est ici qu'on envoie les illuminés* », jusqu'à ce qu'ils craquent. Une sorte de canular téléphonique diffusé à la radio.

— Je ne la trouve pas, vraiment désolée.

Elle semble l'être sincèrement, et je regrette d'avoir pensé à mal. Puis elle ajoute :

— Je vous mets en relation avec un enquêteur qui vous posera quelques questions. Il pourra me dire ensuite où chercher.

— D'accord, merci madame.

Le disque rayé de country laisse place à une sonnerie moderne. Bip, bip. On remonte à la surface. Rien de très concluant, mais je suis soulagé de pouvoir enfin discuter avec les forces de l'ordre américaines. Cette fois-ci, c'est la voix d'un homme qui reprend la communication : « Hello », suivi d'un blanc.

J'explique à mon interlocuteur que j'ai trois informations à lui livrer au sujet d'un *cold case*. Comme l'a révélé le *New York Times*, j'ai peut-être bien identifié le tueur du Zodiac, mais aussi établi le lien entre lui et la disparition de Donna Lass.

— Et quelle est votre troisième information ?

— Elle n'est pas dans le journal.

— Pourquoi ?

— C'est une information sensible…

— Mais encore ? s'impatiente l'enquêteur.

— J'ai découvert un dernier code.

Hell Hole

6 janvier 2021

Harvey Hines était arrivé sur la piste de Kane en enquêtant sur la disparition de Donna Lass. Le hic, c'est que le lien entre la jeune femme et l'affaire du Zodiac ne fut jamais démontré du vivant du policier, qui eut de fait le plus grand mal à intéresser les autorités. Hines n'avait pas la solution du cryptogramme Z32, qui indiquait la ville et la date de la disparition de l'infirmière.

Le policier avait placé ses espoirs dans la Pines Card, arrivée en mars 1971, pensant qu'elle renfermait le lieu de la dépouille de la jeune infirmière, disparue six mois plus tôt à Lake Tahoe. Étrangement, la carte faisait référence à une « victime 12 », alors même que le Zodiac avait déjà revendiqué une douzième victime en juin 1970 et une treizième en juillet, avant la disparition de Donna en septembre (alors que la solution du code Z32 semble indiquer qu'elle serait la dix-septième). Mais cela ne surprit personne : le tueur en série paraissait n'avoir aucun état d'âme à gonfler les chiffres de ses crimes, quitte à s'emmêler.

Si la résolution du message secret de la carte avait pu conduire les forces de l'ordre au corps de Donna Lass, cela aurait non seulement confirmé qu'elle avait été victime d'un meurtre, mais aussi que le Zodiac en était l'auteur. Et peut-être que Lawrence Kaye aurait reçu une attention particulière en tant que suspect.

Avec le temps, le lien entre la disparition de Donna Lass et l'affaire du Zodiac fut remis en question ; la piste de Lake Tahoe s'estompa. Et Kane ne fut jamais inquiété.

Depuis cinquante ans, diverses théories ont vu le jour quant à la signification supposée de la Pines Card, sans que le mystère qui l'enveloppe soit dissipé. Au point que certains n'y voient plus qu'un patchwork, une création déstructurée, représentation mentale de la psyché déséquilibrée du tueur. On évoqua même l'hypothèse qu'elle fût l'œuvre d'un plaisantin, bien qu'elle ait été authentifiée par les autorités.

Jusqu'à ce 6 janvier 2021.

Cela fait trois semaines que je m'intéresse à l'affaire, et je pense désormais avoir découvert l'identité du Zodiac. Mon intuition est intacte, et mon intimité avec le mode de pensée du tueur encore vivace. Plus j'y réfléchissais, plus il me semblait évident qu'il exploitait notre propension à nous enfermer dans des certitudes. C'est là qu'il a commencé à me paraître plausible que la Pines Card, bien qu'elle différât des quatre codes précédents, renfermait elle aussi un message.

Croire que le tueur n'avait eu recours qu'à la cryptographie, ç'aurait été se priver d'imaginer l'infinité de possibilités pour dissimuler un message : substituer des lettres, jouer avec les mots, dissimuler le sens entre les lignes… Comme pour les codes Z13 et Z32, il fallait envisager que le Zodiac ait utilisé d'autres méthodes pour coder ses communications.

Je viens de terminer une réunion en visioconférence. Chemise en haut, jogging en bas. Il est 12 h 30, je me précipite dans la cuisine. Pas de temps à perdre – j'ai une idée, une inspiration. Blanc de dinde et tranche d'emmental entre deux toasts, je me jette sur l'ordinateur qui n'a pas quitté la table de la salle à manger.

Et si les mots collés sur la carte étaient bien des indices pour retrouver le corps de Donna ?

Le tueur avait découpé des bribes de phrases dans une publicité pour des appartements et les avait collées sur la carte postale :

> *Sierra Club*
> *around in the snow*
> *"Peek through the pines,"*
> *pass LAKE TAHOE areas*

Aucun sens apparent à première vue, et pourtant ces mots n'ont pas pu être choisis au hasard. Tout comme une autre particularité notable : ce petit trou perforé dans le coin supérieur droit de la carte postale.

Instinctivement, je me connecte à Google Maps. Mon sandwich dans une main, je tapote de l'autre avec l'index : « LA-K-E T-A-H-O-E ». Touche *entrée*. Ma zone d'investigation s'affiche en plein écran. Je fais glisser la souris pour inspecter les environs. Je ne sais pas vraiment ce que je recherche. Le relief est très vallonné, il y a des lacs – un cadre idyllique pour des randonnées, quand la sécheresse ne transforme pas la région en brasier.

À quelques kilomètres au sud du Lake Tahoe, culmine à trois mille deux cents mètres « Round Top », littéralement le « sommet rond ». *Hmm. Intéressant.* Je bascule en vision satellite. Ce « sommet rond » est enneigé.

Bingo ! Je manque de m'étouffer avec mon festin. *A round (top !) in the snow !* Cela correspond à l'indice que le Zodiac a collé en bas à gauche de la Pines Card ! Alors que la décharge d'adrénaline n'a pas encore fini de se diffuser dans mon corps, mon téléphone sonne. C'est Alice.

— Salut chéri, j'ai eu le chauffagiste, il devrait passer demain après-midi, tu pourras tout lui montrer ?

La fraîcheur persistante qui nous avait glacés pendant deux semaines était liée à une panne de chauffage. On avait mis quelques jours à s'en rendre compte.

— Hein ? Oui, chérie, bien sûr, je réponds machinalement.

— Tu es sûr ?

— Désolé, désolé… Je pense que je suis sur une découverte là.

— Encore ?! Tu ne travailles pas ?!

— Ben, je faisais une pause et…

J'ai été happé. Il fallait lire « *A round in the snow* » et non « *around in the snow* » : cet espace entre le A et le R change tout ! Le Zodiac est comme installé à ma table, me divertissant par ce jeu de mots habile. Je ne peux m'empêcher de ressentir une forme de fascination. Je perçois cet indice comme une troublante formulation poétique qui indique l'endroit où le jeu de piste commence. *Il était créatif.*

« Round Top » indique la clé par laquelle ce code doit être interprété. Elle donne le ton à une dernière partition secrète que je vais devoir jouer, et je comprends où il a voulu m'emmener : les indications collées sur la carte postale correspondent à des lieux autour de Lake Tahoe.

J'enchaîne, indice suivant :

Sierra club

Il est placé dans la partie supérieure gauche de la carte postale. Retour sur Google Maps. Je scrute la carte, au nord du sommet dit Round Top.

Et de deux !

Une station de ski dénommée Sierra-at-Tahoe, et qui s'appelait Sierra Ranch en 1970, se situe au-dessus de Round Top. Autrement dit, la disposition géographique réelle m'a tout l'air d'être identique à celle des indices sur la carte postale.

Je te vois sourire, Larry.

À la suite de l'accident de voiture qui a paralysé une partie de son visage, il ne rit qu'à moitié.

Il me faut quelque chose pour écrire, vite.

L'impatience me gagne, je ne perds pas une seconde. J'attrape une feuille A4 dans le bac de l'imprimante et un stylo Pizza Hut qui traîne sur la table. Frénétiquement, je dessine une croix en bas à gauche et y appose la mention « Round Top ». Plus haut, une deuxième croix : « Sierra-at-Tahoe ». Mes doigts tremblent, c'est à peine lisible. Car j'ai une nouvelle intuition.

Et si les lieux indiqués par la Pines Card formaient un rectangle et indiquaient une zone géographique sur la carte ?

Dans le coin inférieur droit, d'autres coupures collées pourraient indiquer un troisième angle. Et un lieu géographique précis.

> *Peek through the pines*
> *pass LAKE TAHOE areas*

De nouveau sur Google Maps, j'explore les environs à la droite de Round Top et Sierra-at-Tahoe, mon cœur s'accélère, je plisse les yeux et…

Et rien.

Quelques routes montagneuses qui serpentent à travers les cols.

Dommage, j'ai mis des miettes partout sur le clavier, pour rien.

C'était trop beau, trop évident pour être vrai. Un rond dans la neige... J'ai peut-être surestimé la créativité du tueur. Ou sous-estimé ma capacité à m'inventer des histoires. Alors que la défaite obscurcit mes pensées, mon regard se perd sur la carte quand, à l'ombre de Round Top, légèrement plus au nord, mais toujours au sud de Sierra-at-Tahoe, je vois qui se hisse Little Round Top : *un petit rond dans la neige !*

Ce petit sommet relance le jeu, tel un joker dans une partie mal engagée. Car, à quelque douze kilomètres à l'est de ce sommet, se croisent Luther Pass et la State Route 88. Luther Pass était la route empruntée pour aller au Lake Tahoe en arrivant de San Francisco... « *Pass Lake Tahoe areas* » ! Quant à la State Route 88, connue pour les points de vue qu'elle offrait et ses paysages bordés de pins, elle est comme une réponse évidente à l'indication « *Peek through the pines* » (regarder à travers les pins). Cette intersection routière correspond au troisième indice de la carte postale. *L'étau se resserre.*

Il n'en faut pas plus pour que je reparte dans ma frénésie cartographique : sur le verso de ma feuille A4, je dépose trois croix, représentant chacune le coin d'un rectangle imaginaire, chacun connecté à un lieu réel : un (petit) sommet enneigé, une station de ski, et une intersection. Je n'ai plus qu'un objectif en tête, découvrir le lieu dissimulé derrière le dernier indice – le quatrième coin du rectangle. Car c'est ainsi que je considère ce trou perforé dans le coin supérieur droit de la carte postale. L'ultime indice.

Une exploration *via* Google Maps ne donne rien. J'ai donc recours à un service de cartographie en ligne, qui compile d'anciennes cartes. Cela me permet de voyager dans l'espace et le temps, sans quitter mon déjeuner. J'avais déjà utilisé cet outil dans mes recherches de solution au code Z32, pour éviter tout anachronisme.

Tu es bien silencieux, Larry.

Le terrain est extrêmement vallonné, inaccessible, diront certains, et à première vue ne présente aucun intérêt. À première vue seulement. Car, à mesure que je fais rouler la molette de la souris pour y voir de plus près, les appellations des lieux s'affichent à l'écran et les détails émergent. Jusqu'à ce qu'au milieu de ce relief chaotique se détache une clairière. Lorsque son nom apparaît, je reste pétrifié.

Hell Hole.

Le Trou de l'Enfer surgit au milieu de mon écran. Le dernier indice – cette perforation, d'apparence anodine mais en réalité dissimulée volontairement dans la carte – n'en est pas un. Il est *la solution* du code qu'elle dissimule.

Les points dessinés sur ma feuille blanche ne forment plus un rectangle. Le tracé qui les relie dessine maintenant une lettre sur le papier. Un grand Z.

Comme le râle d'un démon qui quitte mon corps, un dernier frémissement me parcourt tout entier jusqu'à me prendre à la gorge, avant de s'évanouir. Ce fantôme qui s'est installé à ma table, et qui m'a offert ce jeu de piste en amusement, révèle enfin son vrai visage. Le divertissement a soudainement basculé pour devenir morbide. S'il a pu observer ma quête d'un air amusé jusqu'à présent, le tueur du Zodiac ne rit plus, maintenant. Lentement, son sourire figé se transforme en une expression démoniaque, tel un masque de cire défiguré par une folie incandescente.

Hell Hole. Le terminus de ma quête est un ultime lac, dans cette affaire de tueur en série du mystique *Age of Aquarius*. Un lac asséché et sans vie : un trou aride, gouffre infernal.

Le corps de Donna Lass est-il en ces lieux ? Une investigation de police pourra le déterminer. À moins que ce ne soit là une autre figure de style macabre du tueur, empruntée une nouvelle fois à la mythologie, avec toutes ses dimensions symboliques où se marient Paradis et Enfer.

Depuis ce jour de janvier, une année s'est écoulée, et rien n'a bougé dans ce *cold case* qui semble destiné à devenir un nouveau mythe, celui d'un Jack l'Éventreur californien. Les forums ont repris leur vie, et de nouvelles théories ont vu le jour. Le FBI a traqué chacun des trois mille assaillants du Capitole, démantelé un réseau international de criminels utilisant une messagerie cryptée, et probablement déjoué quelques attentats terroristes.

Quant à moi, je suis passé à autre chose, me contentant des quelques mots du seul inspecteur qui a pris le temps de m'écouter : « *Good job.* »

POSTFACE

Si l'affaire du Zodiac a fasciné l'Amérique pendant plus d'un demi-siècle au point que certains la comparent à celle de Jack l'Éventreur, ce tueur californien est pourtant loin d'être le plus sanguinaire que les États-Unis aient connu. Les autorités lui ont attribué cinq meurtres confirmés, quand d'autres *serial killers* de la même époque arborent un décompte autrement plus effroyable : John Wayne Gacy a été reconnu coupable de trente-trois meurtres, Ted Bundy en a confessé trente (dont vingt effectivement confirmés) et Gary Ridgway soixante-douze (quarante-huit confirmés). Le Zodiac en a bien revendiqué trente-sept, mais on le soupçonne de gonfler ses chiffres. Il faut nous faire une raison : nous resterons probablement toujours ignorants du nombre véritable de ses victimes, parce que l'homme n'a pas été arrêté – et ne le sera jamais.

Comme pour le tueur de Whitechapel, le mystère autour de son identité et la médiatisation de l'affaire ont fait naître de nombreuses théories. Celles-ci ont continuellement alimenté l'affaire avec force témoignages et publications depuis la diffusion de son portrait-robot en 1969 et l'avalanche d'appels qui s'ensuivit jusqu'à ce jour. Tous les ans, on a vu émerger de nouveaux suspects, fabriqués de toutes pièces et propriété intellectuelle de leur créateur. Et chaque spéculation a contribué malgré elle à enfouir la vérité sous une montagne d'informations, si bien qu'il devint difficile de distinguer une piste intéressante d'une impasse.

Lorsque j'ai moi-même redécouvert l'affaire du Zodiac il y a un an, je ne connaissais pas grand-chose de cette histoire qui était devenue un mythe. J'en savais à peu près autant que ceux qui avaient regardé l'excellent film de David Fincher sorti en 2007, adapté du livre de Robert Graysmith, *Zodiac*[1]. Ce qui m'amena à m'intéresser à cette affaire fut la résolution du deuxième cryptogramme, cinquante ans après les faits, par une équipe de chercheurs improvisés[2] (et je les remercie d'avoir partagé leurs travaux publiquement). Le décryptage du Z340 ravivait le défi posé par le tueur, deux autres codes étant toujours indéchiffrés.

Mon esprit était alors vierge de toute influence antérieure, de toute idée préconçue sur l'identité du Zodiac. Tout au plus, Arthur Leigh Allen me semblait un suspect crédible, bien qu'aucune preuve matérielle ne l'accablât. Partant d'une feuille blanche, je décidai de comprendre les tenants et aboutissants de cette affaire, en m'appuyant sur les documents officiels et les lettres du Zodiac.

C'est là une autre particularité de cette affaire : de nombreux rapports de police et diverses pièces à conviction, y compris les missives du tueur, sont accessibles à tous, en ligne. Je m'appuyai sur le formidable travail de documentation qui avait été mené pendant plusieurs années par des amateurs[3] qui s'étaient laissé fasciner par

1. Éditions du Rocher, 2007 pour la traduction.

2. « Cinquante ans après, le message du Zodiac killer enfin décrypté », *L'Obs*, 11 décembre 2020.

3. Voir sources en fin d'ouvrage.

l'affaire du Zodiac – comme j'étais en train de le faire, sans encore trop m'en rendre compte. À défaut de ces éléments pour m'immerger entièrement dans les détails de l'enquête et l'histoire de ses protagonistes, je n'aurais pas été saisi par l'affaire, et rien de ce qui en a découlé n'aurait été possible.

À mon sens, la résolution du code Z340 a complètement relancé l'enquête à la fin de l'année 2020. Et, s'il ne révélait pas l'identité du Zodiac, je ne pouvais me résoudre à l'idée qu'un code aussi complexe et soigné esthétiquement renferme un message d'une telle futilité. Je voulais comprendre l'intention qui avait été dissimulée derrière, quitte à essayer de me glisser dans la tête du tueur. S'il cherchait le frisson, à quoi bon créer des codes impossibles à craquer ? À quoi bon créer des codes, tout simplement ? J'arrivai à la conclusion que le Zodiac déroulait un jeu de piste, et qu'il y avait semé des indices.

Je crois que considérer que la résolution des codes n'était possible qu'en les prenant mathématiquement et isolément, c'était précisément tomber dans le piège du tueur. C'était franchir la limite où l'excès de rigueur se mue en position dogmatique, celle-là même qui enferme l'imagination, si précieuse dans une enquête. Je pense que c'est en s'immergeant dans un contexte, une époque, une psyché, qu'on peut comprendre les intentions qui furent celles du Zodiac. C'est ce qui nous aide à lire la chambre à gaz du code Z340, la symbolique qu'ont pu avoir les lacs à une époque qui se voyait entrer dans l'Ère du Verseau, ou encore cet imaginaire mystique dans lequel j'ai vu se dessiner un hommage à la pensée d'un grand poète du XIXe siècle qui connaissait un regain de notoriété au moment de l'affaire[1].

Je décidai donc d'avoir une approche holistique, considérant chaque code non pas isolément mais comme faisant partie d'un tout avec une cohérence propre.

Afin de ne pas me disperser et ne pas me laisser parasiter par l'excès d'information, je m'en suis tenu à une relative frugalité documentaire au regard de tout ce qui a été écrit sur cette affaire. Mes sources d'information ont ainsi principalement été des documents officiels et des articles de presse datant de l'époque des meurtres, avant que le phénomène *sleuth* ne prenne l'ampleur qui a rendu cette affaire tentaculaire. Et, bien entendu, la clé du code Z340, révélée à la fin de l'année 2020. Il n'en fallait pas davantage pour me conduire à la piste Kane.

Celui que je désigne n'est pas un suspect nouveau, ni un anonyme dont le nom correspondrait fortuitement à un décryptage de code selon une méthode discutable. Ce suspect, déjà connu du temps où l'enquête était ouverte, a été identifié par Harvey Hines, un policier qui le soupçonna d'abord dans l'affaire de la disparition de Donna Lass, qu'on supposait connectée au Zodiac. Son rapport dactylographié ainsi que, encore une fois, le travail de recherche et de documentation (documents d'état civil, casier judiciaire, généalogie...) réalisé par des amateurs m'ont permis d'en découvrir plus sur Kane, et d'apprendre qu'il s'appelait en réalité Lawrence Kaye après un changement de nom.

Mon avis est qu'une lecture froide des faits décrits dans des rapports de police ne suffit pas à appréhender

---

1. Stephen F. Eisenman, *William Blake and the Age of Aquarius*, Princeton University Press, 2017.

l'environnement tourmenté des *seventies*, qui ont vu naître un nouveau genre de criminels dont le Zodiac faisait partie. Comprendre la terreur qu'il inspira, et ses éventuelles motivations, nécessitait de pouvoir se représenter les lieux et les événements qui dessinent le cadre de cette affaire. En parcourant les guides de voyage de San Francisco, les publicités dans les journaux, les articles *lifestyle* dans les magazines et les archives télévisuelles de l'époque, j'ai essayé de reconstituer une fresque réaliste des années 1970. C'est donc pour partager au lecteur l'immersion qui fut la mienne dans cette atmosphère particulière que j'ai tenté de la retranscrire à travers quelques situations et des personnages secondaires librement imaginés : les lycéens hippies, le vétéran complotiste, le jeune garçon insouciant qui rêve de conquête spatiale, l'amie conservatrice de Donna… Mais sans jamais perdre de vue l'objectif que cela serve l'enquête, mon enquête.

La rigueur est en effet nécessaire, d'autant plus dans une affaire de justice. Mais, alors que certains seraient tentés d'opposer intuition et rationalité, il m'est apparu intéressant de marier les deux. Car une investigation en appelle à la déduction, mais également à l'instinct et à l'intuition ; aux hypothèses, aussi bien qu'au bon sens. C'est la vocation première d'une démarche d'enquête que d'établir une théorie plausible, où toutes les pièces du puzzle s'assemblent.

Ce livre est donc le résultat du travail d'investigation que j'ai mené. Et, en attendant que les autorités apposent sur ces révélations le sceau qui leur conférerait le statut de vérité, je me surprends à rêver qu'il apporte au moins à l'affaire du Zodiac, aussi sinistre soit-elle, l'espoir du dénouement.

SOURCES

Retracer le fil d'événements qui se sont déroulés à la fin des années 1960 implique un large travail de documentation et d'inspiration, qui a permis à mes découvertes, ainsi qu'à ce livre, d'exister. Voici quelques-unes de ces références.

Livres

Aldous Huxley, *Les Portes de la perception*, 10/18, 1953.

George F. Howe, *United States Army in World War II – The Mediterranean – Northwest Africa : Seizing the Initiative in the West*, Lucknow Books, 1957.

Hugo Hege, *A Factful and Colorful Guide to San Francisco*, Smith News Company, 1969.

Robert Graysmith, *Zodiac*, Éditions du Rocher, 1986.

Elizabeth B. Gilbertson, *Women's work: The Foundation of Cottage Hospital*, The Santa Barbara Historical Society, 1997.

Scott D. Sagan et Jeremi Suri, *The Madman Nuclear Alert: Secrecy, signaling and safety in October 1969*, The MIT Press, 2003.

Anthony Daniel Perez, Kimberly M. Berg and Daniel J. Myers, *Police and Riots, 1967-1969 – Journal of Black Studies*, Sage Publications, Inc., 2003.

Alexandra Lohse et Jon Middaugh, *Operation Torch, The American Amphibious Assault on French Morocco*, Naval History and Heritage Command, 2015.

Richard Jones, *The Jack the Ripper Files*, André Deutsch Limited, 2015.

Stephen F. Eisenman, *William Blake and the Age of Aquarius*, Princeton University Press, 2017.

Documents officiels

Lettres du Zodiac, 1969-1978.

Photographies de la scène de crime de Lake Herman, 1969.

Rapport d'autopsie de Betty Lou Jensen, 1969.

Certificat de décès de Betty Lou Jensen, 1969.

Certificat de décès de David Faraday, 1969.

Rapport du capitaine Daniel Pitta, Benicia Police Department, 1969.

Rapports du bureau du shérif du comté de Solano, 1969.

Rapport de l'agent Nancy Slover, Vallejo Police Department, 1969.

Rapport de l'inspecteur Ed Rust, Vallejo Police Department, 1969.

Rapport de l'officier Hoffman, Vallejo Police Department, 1969.

Certificat de décès de Darlene Ferrin, 1969.

Photographie de la porte de la voiture de Bryan Hartnell sur laquelle le Zodiac a laissé une inscription, 1969.

Rapport de l'agent D. Slaight, Vallejo Police Department, 1969.

Rapports du bureau du shérif du comté de Napa concernant l'attaque au Lac Berryessa, 1969.

Rapport d'incident du SFPD concernant l'homicide de Paul Stine, 1969.

Photographies de la scène de crime du meurtre de Paul Stine, 1969.

Rapport d'incident du Department of Justice de Californie concernant le meurtre de Paul Stine, 1969.

Rapport du sergent Charles McNatt du Patterson Police Department à la suite de la déposition de Kathleen Johns, 23 mars 1970.

Rapports du sergent Mulanax du Vallejo Police Department concernant l'enquête sur Arthur Leigh Allen, 1971.

Lettre du Department of Justice informant le Vallejo Police Department du résultat négatif de la comparaison graphologique entre des écrits de Arthur Leigh Allen et ceux du Zodiac, 29 juillet 1971.

Courrier de Charles W. Crumley, chef de la police de Manhattan Beach, informant le SFPD de l'existence d'un informateur, Donald Lee Cheney, qui aurait un témoignage incriminant Arthur Leigh Allen, 19 juillet 1971.

Demande par William Armstrong d'un mandat de perquisition de la caravane de Arthur Leigh Allen, 1er septembre 1972.

Compte rendu de perquisition de la caravane de Arthur Leigh Allen, 1972.

Lettre de Arthur Leigh Allen envoyée à son ami Harold Huffman depuis Atascadero, 22 septembre 1975.

Lettre de Arthur Leigh Allen à l'attention du juge Lincoln après qu'il a réussi un test de polygraphe, 1er décembre 1975.
Rapport du bureau du shérif de Sonoma à la suite des accusations d'agressions sexuelles sur mineur contre Arthur Leigh Allen, 23 septembre 1974.
Rapport de perquisition du domicile de Arthur Leigh Allen, 32 Fresno Street, Vallejo, 21 février 1991.
Rapport du policier Harvey Hines.

Articles de presse

« Proud U.S. troops reviewed by FDR », *The San Francisco Examiner*, 27 janvier 1943.
« 1st Flag in Africa preserved in U.S. », *The Morning News* (Wilmington, Delaware), 5 mars 1943.
« First U.S. flag in Africa comes home to new glory », *Daily News* (New York, New York), 5 mars 1943.
« Oaklander cited for Navy service », *Oakland Tribune*, 8 juin 1943.
« Eileen Barton singing star to "sound off" », *The Eagle Rock Adviser* (Los Angeles, Californie), 12 décembre 1946.
« Photographie de Paul Stine », *The Fresno Bee*, 13 juillet 1958.
« Thoughts on returning home after many years », *Star Presidian*, 29 janvier 1962.
« 46 nurses, 7 technicians graduated at St Joseph », *The Sioux City Journal*, 7 juin 1965.
« Claudia Wescott marries », *Janesville Daily Gazette*, 31 mai 1967.
« Second suicide at Atascadero », *The Press Democrat* (Santa Rosa, Californie), 20 juillet 1967.
« Allied "Operation Torch" launched 25 years ago today », *The Weirton Daily Times*, 8 novembre 1967.
« Friends quizzed in slaying of teen pair in Vallejo », *The San Francisco Examiner*, 22 décembre 1968.
« Seek motive in slaying of 2 », *The Napa Valley Register*, 23 décembre 1968.
« Search for murderer of two continues », *Daily Independent Journal* (San Rafael, Californie), 23 décembre 1968.
« Rites are held for two Vallejo murder victims », *The Sacramento Bee*, 23 décembre 1968.
« Dead youth from Petaluma », *Petaluma-Argus Courier*, 23 décembre 1968.

« Young couple buried while jealousy motive is probed », *The San Bernardino County Sun*, 24 décembre 1968.
« Vallejo police seek gunman who killed woman, shot man », *The Sacramento Bee*, 5 juillet 1969.
« Woman slain, friend is shot », *The San Francisco Examiner*, 6 juillet 1969.
« Vallejo mass murder treat fails », *The San Francisco Examiner*, 3 août 1969.
« Cipher Killer's' new letter », *The San Francisco Examiner*, 4 août 1969.
« Cipher Killer hunt is pressed », *The San Francisco Examiner*, 6 août 1969.
« Zodiac killer seeks slaves for "paradice" », *The Los Angeles Times*, 1969.
« A slayer's twisted mind seen in coded message », *Santa Cruz Sentinel*, 11 août 1969.
« UCR Coed, companion stabbed, fight for life », *The San Bernardino County Sun*, 29 septembre 1969.
« "About unbelievable" says Ranger White », *The Napa Valley Register*, 29 septembre 1969.
« Authorities seek "Madman" », *The Napa Valley Register*, 29 septembre 1969.
« Stab wounds kill Loma Linda coed », *The San Bernardino County Sun*, 30 septembre 1969.
« Investigators cull leads, but killer still at large », *The Napa Valley Register*, 1er octobre 1969.
« Detectives work clues in Berryessa murder », *The Press Democrat* (Santa Rosa, Californie), 1er octobre 1969.
« "Cipher Killer" will kill again, police warn », *The Santa Cruz Sentinel*, 2 octobre 1969.
« Officials sifting clues in hunt for murderer », *The Napa Valley Register*, 2 octobre 1969.
« DA's office helps with investigation », *The Napa Valley Register*, 3 octobre 1969.
« Sketch made of killer in taxi slaying », *The San Francisco Examiner*, 14 octobre 1969.
« Zodiac Killer – Chilling portrait of madness », *The Los Angeles Times*, 15 octobre 1969.
« "This is the Zodiac – I am the murderer" », *The Miami Herald*, 16 octobre 1969.
« School buses are guarded, Killer threat to children », *The Times* (San Mateo, Californie), 18 octobre 1969.

« Ride shotgun on bay school buses », *The Times* (San Mateo, Californie), 18 octobre 1969.
« Hundreds of "Zodiac" tips flood bay police », *The San Francisco Examiner*, 18 octobre 1969.
« Flood of futile tips on killer », *The San Francisco Examiner*, 18 octobre 1969.
« Grisly "Zodiac Killer" holds San Francisco Bay Area in grip of terror », *Arizona Republic*, 19 octobre 1969.
« Hunt pushed for "Zodiac" killer as fears grow in S.F. bay area », *The Los Angeles Times*, 19 octobre 1969.
« Tips in hunt for killer », *The Pantagraph* (Bloomington, Illinois), 19 octobre 1969.
« Zodiac suspect cleared at Ukiah », *The Press Democrat* (Santa Rosa, Californie), 21 octobre 1969.
« Zodiac's graph : impotent, shrewd, paranoid », *The San Francisco Examiner*, 21 octobre 1969.
« Victim's brother – A challenge to the Zodiac », *The San Francisco Examiner*, 22 octobre 1969.
« Zodiac calls Belli on TV Show », *Desert Sun*, 22 octobre 1969.
« "Zodiac" fails to keep rendez-vous », *Ukiah Daily Journal*, 22 octobre 1969.
« TV "Zodiac" reneges on surrender », *The San Francisco Examiner*, 22 octobre 1969.
« Zodiac caller fails to keep Dali City meeting », *The Times* (San Mateo, Californie), 22 octobre 1969.
« Attorney waits ; rendez-vous fails », *The Times* (San Mateo, Californie), 23 octobre 1969.
« Former Orlandoan cracked Zodiac code », *The Orlando Sentinel*, 24 octobre 1969.
« "Zodiac Killer" taunts police », *Detroit Free Press*, 26 octobre 1969.
« Another "Zodiac" cleared », *The Press Democrat* (Santa Rosa, Californie), 2 novembre 1969.
« Manhunt for crazed killer beefed up by two agents », *The Napa Valley Register*, 4 novembre 1969.
« Hartnell leaves hospital for return to classes », *The Napa Valley Register*, 10 novembre 1969.
« Exemple de "cryptoquote", un jeu populaire de décryptage de code, dans la page mots-croisés du journal », *The Tipton Daily Tribune* (Tipton, Indiana), 11 novembre 1969.
« Zodiac claims 7 victims ; Says won't warn again », *Los Angeles Evening Citizen News*, 12 novembre 1969.

« Zodiac changes code in new cryptogram », *The San Francisco Examiner*, 12 novembre 1969.
« He'll kill again – Zodiac », *The San Francisco Examiner*, 12 novembre 1969.
« S.F. cabbie shot in Zodiac style », *Oakland Tribune*, 26 janvier 1970.
« Zodiac killer boast of 10 murders ; letter may have given police clue », *The San Bernardino County Sun*, 22 avril 1970.
« Zodiac says school bus is target for bombing », *The San Bernardino County Sun*, 1er mai 1970.
« Zodiac "greeting" to police : "Enjoy yourselves at my blast" », *The San Francisco Examiner*, 1er mai 1970.
« Zodiac vows massacre of tots », *Los Angeles Evening Citizen News*, 1er mai 1970.
« Tangled Zodiac trail shows confusing pattern of crime », *The Los Angeles Times*, 8 mai 1970.
« Zodiac is considered most baffling of thrill-killers », *The Delta-Democrat Times* (Greenville, Mississippi), 11 mai 1970.
« Zodiac Killer mystifies police », *Lansing State Journal*, 17 mai 1970.
« Gunman in dawn gateway », *The San Francisco Examiner*, 19 juin 1970.
« S.F. officer gravely wounded by sniper », *The San Francisco Examiner*, 19 juin 1970.
« Mystery shot is fatal to officer », *Daily Independent Journal* (San Rafael, Californie), 20 juin 1970.
« Shot man in car, new Zodiac message says », *The Los Angeles Times*, 1970.
« Zodiac killer claims 12th victim ; police officer slayer latest's newspaper boast is not believed », *Desert Sun*, 30 juin 1970.
« Publicité pour l'Aquarius 2000 », *The Los Angeles Times*, 13 septembre 1970.
« Tahoe girl may be victim of Zodiac », *Oakland Tribune*, 26 mars 1971.
« Zodiac' puzzles Tahoe officials », *Reno Gazette-Journal*, 26 mars 1971.
« Atascadero uses paralyzing drug to "influence" deviant inmates », *The Sacramento Bee*, 9 avril 1972.
« Zodiac sends letter, now claims 37 victims », *The Bakersfield Californian*, 31 janvier 1974.
« San Francisco police detective spends 7 years looking for Zodiac », *Great Falls Tribune*, 8 septembre 1976.

« Zodiac killer stalked by police », *Lubbock-Avalanche Journal*, 16 septembre 1976.
« Zodiac : 4 years later. What happened to the killer who kept the city in terror ? », *The San Francisco Examiner*, 30 janvier 1978.
« Inspector Toschi removed. Zodiac mystery deepens. », *The San Francisco Examiner*, 11 juillet 1978.
« New puzzles further muddle Zodiac case », *The San Francisco Examiner*, 11 juillet 1978.
« New Zodiac disclosures. Inspector Toschi talks. », *The San Francisco Chronicle*, 14 juillet 1978.
« Stranger than fiction. Killer known as Zodiac may still be plotting », *The Press Democrat* (Santa Rosa, Californie), 19 janvier 1986.
« Zodiac myth resurrected », *Auburn Journal*, 7 février 1986.
« Hines believes he knows who Zodiac killer is », *Escalon Times*, 1er juin 1988.
« Suspect's death won't halt Zodiac investigation », *Vallejo Times Herald*, 1992.
« On the trail of the Zodiac », *The San Francisco Examiner*, 15 mai 1994.
« Officers suggest woman killed by Zodiac », *The Californian*, 2 septembre 2000.
« Tahoe nurse's disappearance linked to Zodiac serial killer », *The San Francisco Examiner*, 2 septembre 2000.
« Zodiac case Tahoe link suspected », *The Sacramento Bee*, 16 novembre 2000.
« Here's the Zodiac. DNA is last hope of proving slayings. », *The San Francisco Examiner*, 18 mai 2001.
« DNA tests may reveal Zodiac murderer », *The Los Angeles Times*, 9 juin 2001.
« Signs of the Zodiac », *The Washington Examiner*, 9 septembre 2013.
« Dave Toschi, who hunted and was haunted by the Zodiac serial killer, dies at 86 », *The Washington Post*, 11 janvier 2018.
« Cinquante ans après, le message du Zodiac killer enfin décrypté », *L'Obs*, 11 décembre 2020.
« Melbourne mathematician cracks Zodiac killer cipher », *ABC.net*, 12 décembre 2020.
« The solution of the Zodiac Killer's 340-character cipher », *Wolfram*, 24 mars 2021.

Vidéos

Reportage sur la manifestation féministe du 1er août, *KTVU News*, 1er août 1969.
Reportage sur Woodstock, *CBS News*, 18 août 1969.
Extrait de l'émission télévisée de Jim Dunbar au cours de laquelle « Sam » échange par téléphone avec Melvin Belli, *AM San Francisco*, 22 octobre 1969.
Conférence de presse du capitaine Lee à la suite du meurtre de Paul Stine et de la revendication du Zodiac, *KPIX News*, 12 novembre 1969.
Interviews de David Toschi, *KPIX News*, 27 décembre 1969.
Conférence de presse de Bill Armstrong pour révéler au public la menace d'une bombe, *KPIX News*, 1er mai 1970.
Extrait de l'interview de Arthur Leigh Allen dans sa cave, *KGO-TV*, 1991.
Extrait d'une émission télévisée consacrée à Arthur Leigh Allen, *A Current Affair*, 1992.
Extrait de l'émission télévisée Hard Copy dans laquelle Harvey Hines présente son enquête ainsi que le témoignage de Kathleen Johns, *Hard Copy*, 10 mai 1994.
Documentaire racontant l'affaire du Zodiac à travers les témoignages des principaux protagonistes, *This is the Zodiac speaking*, 2007.
Témoignage de la fille de Bettye Harden.
Témoignage de Bryan Hartnell.

Photographies

Photographies de la victime Betty Lou Jensen.
Photographies de la victime David Faraday.
Photographie des baraquements du 30e régiment d'infanterie du Presidio.
Photographies de la base de Skaggs Island, Lost America [en ligne] : https://lostamerica.com/photo-items/military-relics-skaggs-island/
Photographies de la base de Skaggs Island, Navy CT History [en ligne] : https://www.navycthistory.com/skaggsisland_introduction.html
Photographies et plans de la base de Skaggs Island, W0kie [en ligne] : http://w0kie.com/SkaggsIsland/index.htm
Photographies de la base de Skaggs Island, Lost America [en ligne] : https://lostamerica.com/photo-items/military-relics-skaggs-island/

Photographies du lac Berryessa [en ligne] : lakeberryessanews.com
Photographies de la victime Paul Stine.
Photographie de la voiture de Donna Lass figurant une Chevrolet Camaro rouge cabriolet.
Photographies de la victime Donna Lass.
Photographies de la victime Donna Lass adolescente.
Photographies des locaux du SFPD et du bureau 450 de l'Homicide Detail.
Photographies des inspecteurs Bill Armstrong et David Toschi.
Photographie de la caravane de Arthur Leigh Allen à Santa Rosa.
Photographies de Arthur Leigh Allen.
Photographies de Stateline, Nevada.

Ressources web

Zodiac Killer Facts : zodiackillerfacts.com
Zodiac Killer : zodiackiller.com
Newspapers : newspapers.com
Site internet documentant la vie de Lawrence « Kane » Kaye : lawrencekane.wordpress.com
FBI Vault (documents d'archive du FBI) : vault.fbi.gov
Site internet du FBI : fbi.gov
Site internet du SFPD : www.sanfranciscopolice.org
Wikipédia : wikipedia.org
Google Maps : maps.google.fr
Google Earth VR : arvr.google.com/earth
In The Sky : in-the-sky.org
International Broadway Database : www.ibdb.com
Find A Grave : findagrave.com
The National Geologic Map Database : https://ngmdb.usgs.gov
E-Bay : e-bay.com

Autres documents

Parcours professionnel de Donna Lass.
Activités extrascolaires de Donna Lass (Beresford High School Yearbook 1959, 1960, 1961 et 1962).
Organisation de la Division des Investigations du SFPD.
Publicité de l'armée « The Army needs girls as well as generals ».
Publicité pour le bar Inn Justice, 312 Harriet Street.
Extrait de casier judiciaire de Lawrence Kaye.

Formulaire de changement de nom de Lawrence Klein pour le nom « Kaye ».
Certificat de décès de Bertram Klein, petit frère de Lawrence Kaye.
Licence de mariage entre Lawrence Kaye et Eileen Barton.

TABLE DES MATIÈRES

I

III

Composition et mise en pages
Nord Compo à Villeneuve-d'Ascq

FSC
www.fsc.org
MIXTE
Papier issu de
sources responsables
FSC® C003309

L'éditeur de cet ouvrage s'engage dans une démarche de certification FSC® qui contribue à la préservation des forêts pour les générations futures.

Pour en savoir plus :
www.editis.com/engagement-rse/

Cet ouvrage a été achevé d'imprimer en mars 2022
sur les presses de Normandie Roto Impression s.a.s.
61250 Lonrai (Orne)
N° d'édition : 63593/01 - N° d'impression : 2200956

Imprimé en France